竜ちゃんのばかやろう

上島 光

KADOKAWA

竜ちゃんのばかやろう

はじめに

28年経って結婚記念日が納骨式になるなんてあの頃は思ってもいなかった……。

1994年10月22日。この頃、世の中は1年に内閣総理大臣が2回代わり、前年の冷夏の影響の米不足で米を買い求める人々が長い行列を作り、ダチョウ倶楽部は日本テレビの『24時間テレビ・愛は地球を救う』の中で24時間マラソンに挑戦した、そんな頃でした。

結婚披露宴会場は、赤プリの愛称で親しまれた今はもうなくなってしまった赤坂プリンスホテル。

心配していた前日までの雨は見事にあがって、秋晴れの爽やかな日に私達ふたりの新しい人生が始まりました。

この日、私は上島竜兵《うえしまりゅうへい》さんと結婚しました。

私の生まれた日も同じような秋晴れの日だったと、嬉しそうに話した当時の両親の顔を今でもときどき、思い出します。

あれから28年。

２０２２年5月11日、私の前から突然いなくなってしまった夫・上島竜兵（竜ちゃん）。なぜこんなことになってしまったのか……。

昨日まで……いえ、ついさっきまで、いろいろ心配していたけれど、息遣いや体温を間近に感じられるほど側にいた大切な人が、今はあっけなく黄泉の国の旅人になってしまったことは、私の人生で、あり得ない出来事でした。

以来、私の心には、ネガティブな感情が折り重なって、その澱《よど》みが居座る感覚が続いていました。

竜ちゃんの照れたように上目遣いで笑う可愛らしさと、ぷいっとすねたように頬を膨らませる子どものようなしぐさ。それらがすべて愛おしく、本当にもう一度、もう一度会いたいと願う毎日でした。

夏の暑さもすっかり遠のいた10月、納骨式を数日後に控えた日、病院の帰り道の運転中のことでした。赤信号の際に何気なく視界に入ってきた前の車のナンバープレートは「５１１」。

この数字を見た瞬間、ぐらんぐらんと、様々な思い出や数字が頭の中で渦巻いていく不思議な感覚に陥りました。

10月22日にふたり家族になった私たち。ひとりが欠けてしまった運命の日は、10・22の半分の5・11。

数字だけではなく自分の身も心も、竜ちゃんと共に半分なくなってしまったかのように感じました。

葬儀終了後にマスコミへ発表した、私のコメントの中の「竜ちゃんを忘れないでください」という文面は、作詞家の永六輔《えいろくすけ》さんの言葉に感銘を受けた竜ちゃんが、生前、よく口にしていたことに由来します。

「人間は二度死にます。まず死んだとき。それから忘れられたとき」

「人は、忘れられたときが本当の死だ」

竜ちゃんは常々言っていました。

でも、皆さんに竜ちゃんのことを忘れないでと言っている私なのに、現実が辛《つら》過ぎて、竜ちゃんの記憶を頭の中から消してしまうかもしれないという恐怖がありました。

私たちに子どもはなく、夫婦ふたりだけの暮らしでしたから、葬儀にはじまり、あらゆる手続きを、私、ひとりで行わなければならず、泣いている暇もなく、やるべきことを進めていき、竜ちゃんのことをあまり考えないようにしてきました。

考えたらそこで思考がストップして、やらなきゃいけないこともできないと思ったのです。

実際、手続きに追われる中で、「そもそも、上島竜兵って、存在していたのだろうか？」という思いが頭をよぎったこともありました。

人は「日にち薬」が悲しみを癒してくれると言います。

確かに、あの日から一年経って、少しずつですが、前向きになれるような気がしています。竜ちゃんのためにも、そうしなければならないと自分自身に言い聞かせてもいます。

この本を執筆するに当たって、竜ちゃんが生前に出版した本を、もう一度読み直してみました。
それらは皆、お笑い満載のエピソード集でしたが、その中に、私のことを語る竜ちゃんのインタビュー記事がありました。

「人間って変なときに落ち込むことってあるでしょ？　仕事とは関係ない事でも、たまに落ち込むことがありますよね。（中略）そういう時にかみさんの顔を見たら、〝なんか、まぁ俺は大丈夫かな〟って思っちゃうこともあるね。かみさんが聞いたら怒るかもしれないけど、かあちゃんみたいな感じなんだよね。身の回りの事をやってくれてるってのもあるけど、何かかみさんの顔みたら安心するの」（竹書房刊『これが俺の芸風だ!!』より引用）

私の顔を見ると「落ち込んだときも安心できる」のなら、どうしてもう一度、私の顔を見てくれなかったのだろうか……と悔しく思うとともに、もし私が竜ちゃんと暮らしている間、精神安定剤の役割をはたしていたなら、少し救われる気持ちにもなります。

これまで、健康で平穏に暮らせる何もない日々に幸せを感じ、穏やかに機嫌よく暮らすことを良しとしてきました。それが、全て打ち壊された今、どうやって生きていけばいいのか、苦悶する日々です。

寄り添い、支えてくれる人たちの思いはありがたく、立ち上がって前を向いて歩いて行かないといけないと思う私と、もう何もしたくない、家からも出たくないという私がいつも背中合わせにいます。

前向きな今日と後ろ向きの昨日が繰り返す、悲しみと、とまどいの日々の中、私がどうやって今日まで過ごしてきたか。

そして、自分勝手だけどキュートで繊細だった、私の大切な旦那様の話を、記憶がなくならないよう、忘れないよう、思い出をかみしめながら書き記しておこうと思います。

2023年7月末

上島光

目次

装丁　坂川朱音
装画　北村 人

第一章

涙と笑いに包まれた葬儀

現実感のなかった葬儀までの日々

あの日、私の意識は飛んでいました。

心は完全に動きを止め、現実感のない映像だけが、目の前に投影されているような感じでした。病院に駆けつけて、涙を流して励ましてくれた人。呆然と私の顔を見詰めて憐れむように手を握ってくれた人。それらはふわふわとした幻影のようで、はっきりと受け止めることができなかったように思います。

いつ夜が明けたのかさえもわからずに迎えた、竜ちゃんのいない朝。

一連の出来事をしっかり受け入れられないまま、私の心の中には、

「どうしてこんなことに？」

「ひとりで逝ってしまったわけは？」

「竜ちゃん……竜ちゃん……竜ちゃんのばかやろう！」

エンドレステープのように、理不尽にいなくなってしまった竜ちゃんを理解できな

いとまどいと、ひとり残されたことへの怒りが渦巻いていました。

しかし、私にはやらなければならないことがありました。

関係各所への連絡と、葬儀の手配を促されたからです。

「そうか……竜ちゃんを見送らないといけないんだ……」

半分は夢、半分は現実。相変わらず地に足がついていない感覚はそのままで、淡々とやるべきことはやらないといけませんでした。

悲しみに沈んでいるとき、葬儀の手配や連絡はとても大変だったのではないかと、あとでよく聞かれました。

実のところ悲しみさえも実感を伴うことはなく、むしろ怒涛のように押し寄せてきた「やるべきこと」を順番に片付けることで、竜ちゃんを失った衝撃に向き合わずに済んだとも言えるのです。

そうやって気を張っていないと、真っ暗な悲痛の闇に陥ってしまって、涙の海の中で、もがき苦しんでいたかもしれません。

翌日は、午前中から事務所が手配してくれた、葬儀屋さんに行くことになったので、数時間しかないけれど、ひとまず、お風呂に入っておこうと湯船に浸かると、左ひざが大きく擦りむけて血がにじんでいるのが目に入りました。

数時間前にした、見よう見まねの力いっぱいの心臓マッサージの際に、膝をついた絨毯でこすれ、擦りむいていたようなのです。

思い出したくもない、そのときの光景が頭に浮かぶと、急に膝がヒリヒリと痛み出しました。

昨日までは、竜ちゃんが自分で沢山《たくさん》持っている中から、ちょうどいいサイズの「早く治る絆創膏」を持ってきて貼ってくれていました。

ケガをしても、もう竜ちゃんが、小さくて厚みのある手で選んでくれた、ちょうどいいサイズの絆創膏を短い指で貼ってくれることは、ないんだな……。

そう思ったら、涙がポタンポタンと溢れてきて、明け方のお風呂の中で、はじめて泣きました。

そのうちに、「目が覚めたら電話して欲しい」と連絡をしておいた、私の親族たちと連絡が取れ、驚きのあまり絶句する親族たちに、葬儀の日程を告げ、週末までのスケジュールを空けて欲しいとお願いしました。

　葬儀屋さんへ行く時間まで、少しだけでも仮眠しようとベッドに横になりましたが、眠れずにいると、スマートフォンが震えました。相手は、高校時代からずっと親しくしている、同級生でした。

「ひかるちゃん、テレビ見たよ、上島さんのこと、ほんとなの⁉」

　いつもの鈴の音のような優しい声が、今にも泣き出しそうな声になって響いてきました。

「え⁉　テレビでやってるの⁉」

　私は驚いて、ベッドから上半身を起こしました。

　数時間前の私と事務所と警察との打ち合わせでは、死去のことは、葬儀終了後に発表する予定だったのに、どこから漏れたのかと不思議に思っていたのですが、あとから、ネットニュースに「警察発表」と記載がある記事を見つけたときには、警察官の顔を思い出しながら、やるせない気持ちになりました。

　彼女との電話を切ったあとにも、次々に私を心配する電話やメールの着信があり、仮眠を取っている時間は、なくなりました。

そうこうしていると、私の兄夫婦が埼玉から駆けつけてくれ、その顔を見たとたん、ひとりぼっちの闇から引っ張り出されたような安堵感で、いっぱいになりました。来る途中に買って来てくれた、おにぎりやサンドイッチは、とても食べられる気分じゃなく、とりあえず水分だけとりました。

生中継をしていた朝の番組の放送が終わっても、報道陣は帰ることはなく、人だかりも大きくなっているようでした。

約束の時間があるので、写真や動画を撮影されるのも致し方ないと、マンションの正面玄関から兄夫婦とうつむきながら早足に出て行くことにしました。

ところが、カメラを持った方たちの中に、目の前を通る、私と兄夫婦にカメラを構える人はひとりもいません。

そのまま玄関に横付けしてあった友人の迎えの車に乗り込み、スライドドアがバンッと音を立てて閉じると、それまで催眠術にでもかかっていたかのように、彼らはそのドアの音で一斉にカメラを構え直したのです。報道陣の慌て始めた気配を感じながら、私たちを乗せた車は走り出しました。

このときと同じように、葬儀が終わるまでに計4回、私は、報道陣の前に出ているのですが、うつむく私の視界の端に映る彼らは、みんなカメラを下に向けて空を仰いでいたり、スマートフォンをいじっていたりして、誰もが、ぼんやりとしているように見えたのです。

それは、まるで私の姿が見えていないかのようでした。結局、私の姿を捉えた写真や映像は一枚もなかったようで、当時のニュース記事と一緒に私の写真が世間に出ることはなく、なんだかとても不思議な感覚でした。

葬儀会社の方と打ち合わせをして、なんとか準備を整えたお通夜は、今までお世話になった皆さんにお別れをしていただきたかったのですが、あまりにも突然のことであり、さらにコロナ禍だったこともあって、密葬の家族葬で行うことにしました。

竜ちゃんがお世話になった方に連絡しなければと、何件か電話をし、あとは、誰に連絡をしようかと考えていると、ふと、志村《しむら》けんさんの顔が思い浮かびましたが、志村さんは2年も前に亡くなっています。それはもはや必要のないことだったかと、かぶりを振りました。

深夜の病院から連絡しておいた、竜ちゃんの弟夫婦は、95歳の義母を連れて神戸から来てくれました。

義弟夫婦からは、開口一番に「なんもできませんで、すんません」と、普段、竜ちゃんの口から聞くことのない、神戸訛りを聞いて、竜ちゃんが兵庫出身だったことを改めて思い、ずいぶん遠くから来てくれたんだなぁと感じました。

義母は小柄な体がさらに小さくなり、杖をついた足元は危なげでしたが、竜ちゃんの遺体に面会し愛おしそうにそっと顔を撫でていたのが、声を上げて泣くよりも、一層悲しく映りました。

「年老いたお母さんを置いて、竜ちゃんが先に逝くなんて順番が違うんじゃない？」

そう心の中でなじっても、あとの祭り。

「遠いところ、お母さんを連れて来て下さってありがとうございます」と、義弟夫婦にお礼を言いました。


叶うのなら、ずっとめそめそと泣いていたい気持ちでいっぱいでしたが、私がやらないと何もかもが進みません。

祭壇の花は、竜ちゃんの好きなピンク色を基調にした明るい色調にしました。

竜ちゃんは、「太陽様」という愛称もあったので、葬儀屋さんのパンフレットのサンプルから太陽が描かれているデザインの祭壇を選びました。

28年前にも、私はひとりで結婚披露宴の準備をしていたことを思い出しながら、棺、骨壺、供花のデザイン、供花の順番はどうするのか、会場で流す音楽は何にするのか決めなければいけませんが、突然の葬儀には時間がありません。

のんびり選んでいる余裕もなく、竜ちゃんだったらどうして欲しいだろうか、ということを念頭に置いて、かわいらしくて豪華できらびやかなものを素早く選んでいきました。

28年前の結婚披露宴の準備は、未来の希望に向かっていたため、多少の大変さは若さと一緒に頑張ることができましたが、今回は、何もかもが違いました。

そのほかにも、急いで決めないといけないことが沢山あり、忘れないようにメモをしながら葬儀会社のスタッフの方々と進めました。

兵庫県の菩提寺のご住職に電話で指導していただいて、関係の深い東京のお寺のお坊さんへの連絡、食事の手配、喪服の手配、喪主になるのは初めてだったので、わからないことだらけでしたが、私の母をはじめ、身近な親族にも手伝ってもらい、ひとつひとつ、進めていきました。

水分を取ることすら忘れてバタバタとしていると、母がそっとペットボトルの水を手渡してくれました。一口飲むと流した涙の分が体の中に入るような気がして、ほんの少し元気になりました。

葬儀・告別式当日は、私の友人たちも全国各地から来てくれて、ありがたいことに、異口同音に「自分にできることは、なんでも手伝うから遠慮せずに言ってね」と、日頃、私が、人に手助けを頼まないタイプなのをみんなよく知っていて、何度もそう言ってくれました。

とても私ひとりで対応できることではなく、きっと今が、人生で一番のピンチなのだからと思い、お言葉に甘えて、みんなに手助けをしてもらうことにしました。

通夜と葬儀2日間の受付は、所属事務所のスタッフがやってくれました。

親族と竜兵会のメンバー、事務所関係者、私たち夫婦の友人知人だけの少人数のつもりの家族葬だったのですが、結局は、沢山の方がお別れをと、いらしてくださることになり、事前に家族葬なのでとご遠慮いただいた皆さんには、大変申し訳ないことをしてしまったと思っています。

忙しく葬儀の手配に追われながらも、ふと心には「あれ？　私、なんで葬儀の準備をしているのだろう？」と、疑問符つきのとまどいが繰り返し浮かんできました。

「そうか……竜ちゃんの葬儀だったんだ……」「えっ？　竜ちゃんは、本当に死んでしまったの？」

揺れ動く私の心は行き場を失って、葬儀の当日まで、迷子のようになっていました。

悲しみに包まれた仲間たち

私たち夫婦の大好きな映画『男はつらいよ』シリーズの中に、数々の冠婚葬祭のシーンが登場するのですが、寅《とら》さんがそうだったように、我が家も冠婚葬祭は、きちんとしたいと思っていました。

葬儀の知らせがあれば伺い、竜ちゃんの関係者でも本人が伺えないときには、私が代わりに行き、どちらも伺えなかったら供花やお香典を送り、年の暮れに喪中のはがきを頂いたら、知らずに失礼したお詫びのお手紙を出し、お盆にお線香や供花をお送りしていました。

でも、竜ちゃんの実父が亡くなったときには、自分のことで皆さんに気を遣わせたくないと、所属事務所とダチョウ倶楽部のメンバーのふたりにしか訃報を伝えませんでした。

ですから、きっと竜ちゃんは自分の葬儀で、沢山の方にお別れに来ていただくことになってしまって、あちらの世界でとても恐縮していることでしょう。

通夜の日、葬儀会場に持っていくために、お米を炊いて、つい数日前まで竜ちゃんが使っていた小さめのキティちゃん柄のお茶碗に、ごはんを山盛りによそっていると、突然、胸が詰まり嗚咽《おえつ》がこみ上げてきました。

「もうこのお茶碗で、竜ちゃんがごはんを食べることはないんだ……」

竜ちゃんがいないことを、現実のものとして感じた瞬間でした。

しゃもじと茶碗で両手が塞がっているので、こぼれる涙もそのままに、ペタペタとごはんをまあるくして、てんこ盛りにしました。

リビングに背を向けて泣きながら枕飯を作る私に、母と兄はかける言葉も見つからないようで、何も言わずに見守っていました。


それまで泣かずに準備を進めてきましたが、お米が大好きで白いごはんや炊き込みごはんを嬉しそうに頬張る、竜ちゃんの顔が思い出され、たまらなくなったのです。たこめしを作ったら泣くほど喜んでいた、あの泣き笑いの顔。いかの煮物は嫌いなのに、いかめしを作ると本当に嬉しそうにしていた笑顔。

何度もおかわりをしたいからと、大きなお茶碗ではなく、この小さいキティちゃんのお茶碗でごはんを食べていた竜ちゃん。

いつも軽めによそっておかわりを楽しみにしていたのに、「こんな漫画みたいに山盛りのごはんを、なんで私によそわせてるのよ」と、文句を言ってやりたかったです。

山盛りごはんに立てるお箸は、結婚25周年の銀婚式の記念に購入した、会津塗の夫婦箸の片方です。

デパートの催事場で、福島から来た職人さんから、「いいものですからね、10年も20年も使えますよ。いや、一生もんですよ」と、言われて購入した品物で、私の方は赤地。

竜ちゃんのお箸は、黒地に青や赤のマーブル模様のような色合いが、とても美しく、なめらかで口触りがよく、私たちのお気に入りのお箸でした。

たった2年しか使えませんでしたが、竜ちゃんにとっては、本当に一生ものになってしまいました。

そのお箸を、山盛りにした枕飯と一緒に、葬儀会場に持っていきました。

太田プロの芸人仲間を中心に定期的に集まる「竜兵会」のメンバーや、芸能界で仲のいい人たちも、通夜と葬儀に大勢出席していただきました。

「竜兵会」の一員で一番印象に残っているのは、劇団ひとりさん。

通夜の席で竜ちゃんと対面した際に、足元から崩れ落ちて辺りも憚《はばか》らず号泣していました。まるで自分の身体を半分もぎ取られたような、苦悶の表情を浮かべて言葉にならない声を上げ、受け入れがたい現実に抗っているようでした。

そんな中、ダチョウ倶楽部のメンバー肥後克広《ひごかつひろ》さん、寺門《てらかど》ジモンさんのおふたりには、本当に助けられました。

竜ちゃんも出演予定だったドラマの撮影終わりに駆けつけて下さり、親族に代わって仕事関係者や後輩芸人さんに対応してくれました。

私が面識のない方々は、丁寧に紹介してくれ、スムーズにご挨拶が進みました。

私より長い付き合いのおふたりは、竜ちゃんにとって、仕事仲間であり、友人であり、そして家族なんだなと改めて感じました。

自然に、当たり前に参列者に対応してくれる姿は、ありがたくとても心強かったです。

そして、あとになって芳名帳をチェックしていて気が付いたのですが、肥後さんは、親族のところに○をつけていました。


大人の男の人たちが全員、声を出して泣く姿を見たのは初めてのことでしたが、それだけ竜ちゃんが皆に慕われていたのでしょう。

加藤茶《かとうちゃ》さんが来てくださったときには、また泣けました。

志村さんを送ったことでもお辛かったでしょうに、随分と年下の竜ちゃんをまた見送ることになってしまい、加藤さんの小さな体がより小さく感じられ、本当に申しわけない気持ちでいっぱいでした。

竜ちゃんと加藤さんは、舞台で共演したことがあり、志村さんを通して交流もありました。

私も子どもの頃から大好きだった加藤さんが、コントじゃない葬儀のシーンに、眉間に皺を寄せ悲しみにくれている姿は、まったく似合っていませんでした。

有吉弘行《ありよしひろいき》さんや土田晃之《つちだてるゆき》さんも、初めはじっと涙をこらえていましたが、泣いていました。それでも皆さん、テレビタレントであり芸人です。悲しい雰囲気にたまらなくなったのか、冗談を言って笑っていました。

笑ったり泣いたりの繰り返しで、ときにはシーンとなったり。

出川哲朗《でがわてつろう》さんも、報《しら》せを聞いて病院に駆けつけてくれましたが、お通夜はロケがあって行けないと話していたのに、なんとかスケジュールを調整して、お通夜にも顔を出していただきました。

竜ちゃんは昔から自分のことを過小評価する癖があり、「（自分が）死んだら新聞の片隅ぐらいに載るかな」と言っていたのに、実際は新聞に大きく載り、葬儀には人気の芸能人が大集合したのには、本人が一番驚いていると思います。

晩年に出演したドラマでも、演技力が高い評価を得ていたのに、竜ちゃんはまったく信じてくれませんでした。

「そんなの嘘だ。みんな、嘘を言っているんだ」

「そんなことないよ。とっても上手にできていたよ。よかったよ」

「嘘だ、嘘だ」の一点張り。多少は照れ隠しもあったとは思いますが、本当は、天狗にならないよう自分を戒めていた部分もあったのだと思います。

ああ見えて竜ちゃんはとても謙虚なひとで、誰かに威張ったり、見栄を張ったりすることはなく、いつでも誰とでも同じ目線の高さでお付き合いしていました。

それが先輩後輩問わず、好かれてきた大きな要因だったのでしょう。葬儀に大勢の仲間が集まったのも、そんな竜ちゃんの人柄によるものが大きかったのだろうな。

「竜兵会」のメンバーや、加藤さん、出川さんなどの人気者たちの心に竜ちゃんがいるかぎり、彼らとこの先も、ずっと共演していけるんだと考えたら、私自身、とても慰められる思いがしました。

泣いて笑って見送った葬儀・告別式

竜ちゃんが亡くなって3日後の2022年5月14日、都内の斎場で葬儀・告別式が営まれました。

それと相前後して、テレビはもちろん新聞雑誌、ネットでも竜ちゃんの逝去が大々的に報じられ、妻の私でさえ驚くほどの量でした。

交流のあった芸能人の方々からは、お悔やみの気持ちも表明され、その報道を目にするたびに感謝の気持ちを胸に留め、とにかく葬儀を無事務め終えようと気を張るようにしていました。

日本テレビ『スーパーJOCKEY』の熱湯風呂や、『ビートたけしのお笑いウルトラクイズ!!』で、竜ちゃんを大変可愛がってくれた北野《きたの》武《たけし》さんからは、心に響くこんなコメントを発表していただきました。

「上島、大変ショックです。40年近く前から一緒に仕事をしてきたのに、芸人は笑っていくのが理想であって、のたれ死ぬのが最高だと教えてきたのに、どんなことがあっても笑って死んで行かなきゃいけないのに、非常に悔しくて悲しい」

武さんのような大御所の大先輩も、とても悲しんでいることを知って、本当に竜ちゃんは罪作りな男だと、パンチのひとつもお見舞いしたい気分でした。

前述したように、当初は家族だけでの密葬で見送ろうとしていたのですが、生前交流のあった「竜兵会」のメンバーを中心に、たくさんの芸能界の友人や仲間たちが足を運んでくれ、コロナ禍にもかかわらず大人数の葬儀となりました。

クセの強い人気芸人たちが集まれば、悲しいばかりで済むはずがありません。あとで聞いた話では、ダチョウ倶楽部のリーダーの肥後克広さんが、「棺を竜兵会で運んで、その途中で1回落としたら竜ちゃんが出て来るかもね」と提案したところ、笑いは起きたものの、常識ある皆さんの賛同を得られず実現しなかったとか。

唯一、肥後さんが「竜ちゃんにおでんはつきものだから。熱々じゃないけど、入れてあげようと思って……」と、真空パックになったおでんを買ってきて、みんなでお棺に入れていただきました。

さらに肥後さんは、涙と鼻水まみれになっていた出川さんに、竜ちゃんへの最後のキスをするよう勧めたそうです。

出川さんは、少し考えているようでしたが、「それは、やめよう」と最期のキスは、しませんでした。もう永遠に「ケンカしてチュウ」のできない竜ちゃんと出川さんを見て、周りにいた人たちがシーンと静まり返った一瞬でした。

続いて後輩の誰かが、「日本酒を入れてあげたい」と言うので、「日本酒は竜ちゃん、糖尿病だったから飲まないよ」と、私が言ったら、そこにいるみんなが大笑いしてしまったのです。そう、日本酒を飲んでいたのです。

私の前では、竜ちゃんは血糖値が上がるのを気にして、日本酒は飲まないと、もらい物の日本酒にも一切口をつけませんでした。

「せっかく頂き物なんだから、一口だけ飲んだらどう？」

「俺は、日本酒は飲まない。絶対、飲まない」

頑《かたく》なに拒んでいたのに、私のいない飲みの席では、最後に一杯、日本酒をいつも飲んでいたことを葬儀の席で知ったのでした。

腹立たしいやら情けないやらで、もう私も笑うしかありませんでした。

私が家から持参したのは、亡くなる前日に、竜ちゃんが食べたいと言っていたのに、やはり血糖値が上がるため注意したところ、ご機嫌を損ねて私に投げつけ、食べ損ねてしまった「かりんとう」。

それと竜ちゃん用に私が買い置きしていた、大好きな魚肉ソーセージも束になっている4～5本を入れてあげました。

棺の中の竜ちゃんには、スタイリストの小松原久美子《こまつばらくみこ》さんが最後のスタイリングをしてくれ、イベントの仕事のときに作った真っ赤なタキシードを着せてあげ、竜ちゃん愛用のくるりんぱの帽子や靴もそえました。

そのときに、肥後さんが、帽子の位置や靴の位置、おでんの位置などを細かく調整しながら入れてくれ、愛おしそうに竜ちゃんに話しかけていた姿を思い出すと、今でも涙がこぼれてきます。

やがて葬儀では、神妙な顔つきで席に着く皆さんの前で、お坊さんの読経がはじまりました。

普通ならじっと静かに読経に耳を傾け、竜ちゃんが安らかに天にのぼっていけるよう祈るのでしょうが、今回は違っていました。

参列者のひとりであり、私とデビューが同期の松村邦洋《まつむらくにひろ》さんが、お坊さんの読経に合わせて無茶苦茶なお経をあげ始めたのです。

隣に座る島崎和歌子《しまざきわかこ》さんに、「やめなよ」と何度も叩かれていたそうです。

この松村さんのお経で、場内のあちこちから「クックッ」という、笑いをこらえる笑いとでもいうのでしょうか。我慢できない笑いが渦巻いていました。

でも、後々に竜ちゃんの葬儀では、爆笑のエピソードが満載だったと、笑顔で思い出してもらえたら竜ちゃんも本望だろうと思いました。

私にとっても、皆さんにしてみても、笑って送り出すような心境ではなかったのを、泣き笑いで送ってくれたのです。

そして葬儀の最後をダメ押しの爆笑で締めくくったのは、何を隠そう私でした。

喪主の挨拶のときに、やってしまったのです。

「遺族を代表いたしまして、皆様にひとことご挨拶申し上げます」と、お礼を述べて今の心境を語ろうとして、うっかり竜ちゃんの名前を言い間違えてしまいました。

「寅さんは、寅さんが大好き……あ、間違えた。寅さんじゃなくて、竜ちゃんは寅さんが大好きでした……」

それまで、涙をこらえて挨拶に集中していたのですが、ドッと笑いが起こり、思わず私も噴き出して笑ってしまいました。

竜ちゃんが志村さんから学んだ、「笑いは緩急」ということを皮肉にも、竜ちゃんの葬儀で痛感しました。

きっと、見えない竜ちゃんがそこにいたら、自分のギャグで「やってくれたなぁー」と言って、泣き笑いしていたのではないでしょうか。

そして、会場で一番笑い声が大きかったのが、松村さんでした。

それは、「がんばれ、ひかるちゃん」という、彼と同期の私への優しさいっぱいの笑い声でした。辛いときこそ笑う、私も含め、芸人がいつの間にか身に付けて、染みついた性《さが》なのかもしれません。

葬儀も滞りなく済ませ、慌ただしくその後の法的な手続きなどで忙殺されている、四十九日にはちょっと早い頃でした。

まだ暗い朝方。寝ている私の側で、竜ちゃんが仕事に出かけるときの、「いってくるね」という、いつもの声が聞こえました。

その声を聴いた瞬間、足元で寝ていた愛犬モモがワン、とひと声鳴いたのです。

竜ちゃんの声とモモの鳴き声で、飛び起きた私の目に映ったモモは、立ち上がってドアの方を向いていていました。

竜ちゃんの声の大きさもちょうど、ドアのところから発したくらいの声。

今、そこに、確かに竜ちゃんがいたのだと確信しました。

「竜ちゃんよぉ、カミさん忙しそうだな、もう、早く行こうぜ、あっちは楽しいぞお」と、迎えに来た志村けんさんに言われ、まるで飲み屋に行くようなノリで旅立ってしまったのかなと、生前、ふたりが麻布十番《あざぶじゅうばん》の街を楽しそうに歩いていたときのような情景が脳裏に浮かびました。

こんなときも志村さんを優先するのかと思ったら、なんだか悲しいけれど、ちょっと笑っている自分がいました。

もう一度、夢で会えたら

報道で、通夜・葬儀の間、笑いが起こったというニュースを見聞きして、芸能人はろくでもない、不謹慎だと思われた方も少なくなかったのではないかと思います。

でもこれは、すべて竜ちゃんの希望通りのお見送り方だったのです。

竜ちゃんの著作『人生他力本願・誰かに頼りながら生きる49の方法』(河出書房新社刊)にも、「俺の葬式は、笑って送ってほしい」と書いてあるし、インタビューでもよく話していたのです。

笑いも起こりましたが、もちろん、来て下さった方、全員が泣いていました。

大好きだった寅さんの映画の中で、自分の葬式はこうしてくれと言っていたシーンがあります。

「……俺の野辺の送りには、あの江戸川に屋形船の五艘も浮かべてもらいたいな。ハッピ、ハチマキで身をかためた、柴又神明会の威勢のいい若い衆、それと本所深川のキレイどころの姐さんを二、三十人……」（第14作「男はつらいよ・寅次郎子守歌」より）
竜ちゃんも、もしかしたら寅さんの願望のように、華やかに見送って欲しかったのかもしれません。


そんな思いもあり、葬儀業者から「何か曲をかけますか？」と聞かれて、「それだったら寅さんかな」と伝えたところ、わざわざCDを探してくれたのです。

渥美清《あつみきよし》さんという役者さんが偉大すぎて、竜ちゃんと結びつかなかったのですが、今思えば、竜ちゃんは本当に寅さんのようでした。

面倒くさいことは人任せ。でも腹には何もなくからっぽ。困っている人を見れば、なんとかしようとできる限りのことをする。涙もろくて弱いくせに強がってみせたり。

ケンカをして私がずっと怒っていると、「ヒーチャンへ。大変すみませんでした」と詫び状を書いて渡してくれましたが、寅さん映画のラストシーンに出てくる「恥ずかしきことの数々、今はただ、後悔と反省の日々を過ごしております」という、お馴染みのはがきと似ていました。

だから竜ちゃんにとって私は、おばちゃんかさくら。マドンナでは絶対ないな。

情に厚い竜ちゃんでしたが、一方で若い頃からお酒を飲むと、どこかニヒルな死生観をよく語っていました。

「俺はね、人は死んだら、無だと思うね」と、この世から亡くなると何もかもなくなるのだと言っていました。

「そうかなぁ、例えば、私の亡くなったおばあちゃんは、お願いすると私の探し物を見つけてくれるし、見守ってくれていると思うよ」

そう私が反論すると、変に理屈っぽくなるのです。

「じゃあね、生まれ変わりはどうよ？　前の人生のことなんて、これっぽっちも覚えてないでしょ？　江戸時代とか、エジプト文明とか覚えてないでしょ？」

死ぬと〝無〟になるのならば、竜ちゃんの言う通りでしょう。でも私はどうしても釈然としませんでした。

「でもさ、死んで戻ってくる人がいないんだから、あの世ってのは、帰りたくないくらいに、すごくいいところなんじゃないのかな？」

私が「あの世がある」説を唱えても、竜ちゃんは「違う、無だよ、無」と真っ向から否定し言い切るのです。

そして、戦争や天災のニュースに心を痛めていて、「我々が生きているこの世こそが、地獄だと思う」と悲しい顔でよく言っていました。

時には感情が高ぶり、泣きながら自室から出てきて、

「震災にあった人たちに募金して欲しい」

「ウクライナの人たちに募金して欲しい」

こういうことを言うこともあったので、その都度、ネットからすぐに募金をして、「今、募金したよ、ちゃんと手元に届くといいね」と、落ち着かせるように言うと涙を拭いて、少しホッとしたようでした。

亡くなったあと、竜ちゃんの部屋に残されていた、たまに書く日記やネタ帳、メモ帳、手帳などを手に取りました。

家族でも個人のプライバシーに関わるため、勝手に読むことはルール違反ですから、生前は私がノートを開くことはありませんでした。

でも、竜ちゃんがなぜ最後の手段を選んでしまったのか、私なりにもっと知りたいと思い、葬儀を終えたある日、敢えて読んでみたのです。

そこには雑然と仕事の感想や、誰に会ったとか、国内外のニュースをはじめ、独自の死生観も多く綴られていました。

いつ書かれたものかわからないのですが、「俺が死んだら読んでくれ」と書かれたノートの1ページ目に書かれていた文字は、ほかの物に書かれた書きなぐりのものと違い、きちんとした文字で書かれていました。

これを発表することは大変迷いましたが、竜ちゃんに背中を押されているような気がしたのでここに掲載することにしました。

人は、この世に生を授けた時より
死に向かって歩いている
「生きがい」とは、「生きる害」なのではないか？
世界か？
「無」には、何もそんざいしない。不幸も悲しみも痛みも苦しみも喜びも全ての物・感情が。
「有」の世界には、全ての物がそんざいする。
「正義」も「悪」も全ての感情や痛みも
快楽も、全てそんざいする。（原文のまま）

喜びも苦しみもある現世よりも、たとえ何もない空虚な「無」の世界の方が、静かに身を置くことができるのか……。それさえも感じない真っ暗闇の世界が竜ちゃんの求めていたものだったのでしょうか。

この竜ちゃんが生前に語っていた「あの世は〝無〟」説。本当のところは、どうなのかと竜ちゃんが亡くなってから毎日考えています。

「あの世がある」説派の私は、竜ちゃんがいなくなってしまった日から、竜ちゃんの気配を感じようとしていました。

きっと私に何か、伝えたいことがあるのではないだろうかと、見える景色や数字、耳に入って来る言葉や音楽から、向こうの世界に行ってしまった竜ちゃんのメッセージを受信しようと、いつもアンテナを立てて待っているのです。

竜ちゃんが亡くなって10カ月が過ぎた、春のお彼岸に見た夢の中で、ついに竜ちゃんは、私の知りたかった、「あの世は〝無〟」説について話してくれました。

起きたら夢の内容が少しぼんやり遠ざかってしまったのですが、大体はこんなことでした。

夢の映像では暗闇の中、竜ちゃんの声が聞こえます。

「あの世は、無ではなかったよ」

ただ、この世からあの世が見えないように、竜ちゃんのいるあの世から、私のいるこの世は、見えないのだと言います。

それから私は、竜ちゃんが生き返るという夢を、何度も見ました。

「竜ちゃん、もう死んじゃやだめだよ」

竜ちゃんがもうどこかへ行かないように、ぎゅっと抱きしめると、竜ちゃんは、私の腕の中で黙っているのです。

生前の竜ちゃんは、すごく寂しがり屋で別に広くもない家の中でも、いつも私の姿を探していました。

リビングやキッチンにいないときの私は、大抵、洗濯物の部屋にいることが多かったのですが、竜ちゃんが、「ヒーチャン、ヒーチャン」と呼びながら、私を探している気配がすると、「お探しのヒーチャンはここですよ」と、洗濯物を片付けながら竜ちゃんに声をかけるのです。

そうすると声を頼りにやって来た竜ちゃんが、扉からひょっこり顔を出し、私を見つけてにっこりと安心した顔をして、また自室に戻って行くのです。

あの日から竜ちゃんは、どこを探しても私が見つからずに、きっと泣いているのだろうと思っても、もう竜ちゃんに何もしてあげられない。

私は、どこかで間違えて、パラレルワールドの扉を開いて入り込んでしまったのかもしれないとよく思います。

今、私のいる世界に、なんで竜ちゃんはいないのか、どこに行っちゃったのでしょうか……。

第二章

出会いと結婚、別れの日

あの日の出来事

２０２２年のゴールデン・ウィーク中、私は埼玉県の実家に帰っていました。

ずっとコロナ禍で実家に帰っていなかったこともあり、父が介護施設に入居してからひとりで暮らす母と、久し振りに過ごしたいと考えていました。

その連休の最後の日が、５月８日の日曜日。

夜に母とふたりで前々から放送を楽しみにしていた、『ドリフに大挑戦スペシャル』（フジテレビ）を見ることになっていたのです。

加藤茶さんや高木《たかぎ》ブーさん、ご健在だった仲本工事《なかもとこうじ》さんら、ドリフのレジェンドメンバーに加え、カンニング竹山《たけやま》さん、劇団ひとりさん、ハライチの澤部佑《さわべゆう》さんなど、豪華な出演者たちとともにダチョウ倶楽部も出演して、ドリフの爆笑コントに挑戦するという番組でした。

「竜ちゃんのコント、ウケるかな？」

そんな風に思いながらチャンネルを合わせたのですが、画面に登場した竜ちゃんは、いつもと違っていました。というより別人のように、どこか心ここにあらずというような、まったく生気のない表情だったのです。

コントの台本通り演じてはいるものの、ただ段取りをこなしているだけで、竜ちゃんの内面からにじみ出る、〝面白さ〟や〝おかしみ〟のようなものがなく、思考が停止しているような顔でした。

「これはヤバい！」

私は直感的にそう思いました。

番組自体は4月10日に収録したものでしたが、それ以前から竜ちゃんは、塞ぎ込むようになり鬱っぽい感じだったのです。

でもそれは、コロナ禍で家に閉じこもる生活を強いられ、その上、仲間たちと会えないことからくるストレスが溜まっているのかなという程度でした。

それでも竜ちゃんの様子を気にして、何度か「病院へ行って診てもらったら」と、勧めても「絶対いや」と、頑なに拒んでいたのです。

そのうち、元気になるだろうと前向きに考えていたのですが、『ドリフに大挑戦スペシャル』の竜ちゃんを見て、竜ちゃんの心が砕けそうになっていることをはっきり感じ、深刻な事態に陥っていることを確信しました。

翌9日、予定を切り上げて午前中に急いで帰宅。竜ちゃんは、どこへも出かけずに家の中にいました。

顔を見てまずはほっとひと安心し、急いでご飯を作って一緒に昼食を食べたのですが、この日の竜ちゃんは、やっぱり元気がありません。

いつもなら、ぺちゃくちゃおしゃべりするのに、ほとんど口をきかずじっと黙り込むことの方が多かったように思います。

前日のテレビで見た印象どおり、竜ちゃんは心を閉ざし、妻の私にさえ仮面をかぶって、ひとりだけの世界に引きこもっているように見えました。

たまらず「大丈夫？」、「何か不安なことあるの？」と、言葉をかけましたが反応はありませんでした。

話したくないときに、それ以上話しかけるとご機嫌を損ねて、感情的になることもあったので、それ以上、私は話しかけずにいたのです。

竜ちゃんは、機嫌のよいときと悪いときがいつも両極端で、根本的には大人しく優しく善良な人なのですが、芸人という商売柄、ストレスを感じることも多く、それに耐えられなくなって爆発することもありました。

その日は、いつものように睡眠導入剤を飲み、竜ちゃんは大人しく眠りにつきました。私はこのまま何事もなく、平和に過ぎていけばいいなと願っていました。

竜ちゃんは、いつも早起きで、大抵、私が起きる頃には、すっかり目覚めていることが多く、翌日の5月10日の朝、私が顔を合わせたのは午前9時くらい。

リビングに行くと、すでに竜ちゃんがソファに座っていました。

昨日に続いて朝から元気がなく、声をかけても曖昧な返事しか返ってきません。

そして、私のことなど眼中になかったのか、竜ちゃんはぷいっと自室に入ってしまったのです。

「まあいいや……」と、気を取り直し、何かおいしいものでも食べてもらおうと、私は自室の竜ちゃんに声をかけず、スーパーへ買い物に出かけました。

栄養のつくもの、新鮮なお野菜、そして竜ちゃんの好きな食材をあれこれ買って帰ってくると、いきなり竜ちゃんから声をかけられました。

「どこに行っていたんだ？」

「スーパーに行ってたんだけど」

そう答えると、すごく機嫌が悪そうでした。

「お昼ご飯、おいしいものを作るから、ちょっと待っててね」

ところが竜ちゃんは、近所のファミレスに食べに行きたいと言い出したのです。

でも私は竜ちゃんの体のためにも、手料理を食べさせたかったので、やんわりと言い返しました。

「だったら、ファミレスみたいなものを作ってあげるから、家で食べようよ」

すると竜ちゃんは、あからさまに一層不機嫌な顔をして、無言で自室に入ってしまいました。

とりあえず、私は竜ちゃんが好きな「北海道生ラーメン」の味噌味を、もやしやねぎなど野菜をたっぷり入れて作り、声をかけると幸い素直に部屋から出てきてくれました。

糖尿病だった竜ちゃんは、効果があるのかどうかはわからないものの、野菜ファーストのイメージで血糖値が急上昇しないよう、食事の前にトマトジュースを飲むことが習慣になっていました。

最初はコップ1杯飲ませていましたが、その頃はトマトジュースに飽きてしまって、すっかり嫌になっていた頃でした。私が勧めても、トマトジュースを飲まないならまだしも、テーブルの上にたまたまあった、かりんとうを食べようとしたのです。

「それなら一口、トマトジュースを飲んでからにしてよ」と注意すると、竜ちゃんは「じゃ、いらないわ！」と、キレてかりんとうを私に投げつけました。

とにかく機嫌は最悪。味噌ラーメンも、「もういらない」と言って少し残してしまいました。

この日、東京の自宅にいた竜ちゃんは、後輩たちと、Ｚｏｏｍ飲み会をしたかったようですが、連絡を取ったけれど、誰もスケジュールが空いている人がおらず、実現できずじまい。それがとても寂しく、孤独感を強めたのかもしれません。

あとでこのときの後輩たちは、「なんで断っちゃったんだろう」「あのとき、いつもみたいに飲み会をしていれば……」と、後悔を口にしていました。

でも、そのときはまだ最悪の結果が訪れようとは、夢にも思っていませんでした。

波瀾の結婚生活

年齢はほぼ10歳離れ、生まれも育ちも性格も、まったく違う竜ちゃんと私が出会い、結婚するなんて運命のいたずらとしか思えません。

なぜなら、私の理想のタイプとは大きくかけ離れていたのに、好きになって結婚してしまったのですから。

竜ちゃんは、見かけはあんな感じですが、心は真っ正直で努力家で、謙虚でびっくりするほど優しいひとです。

それが私を惹きつけたのかもしれません。でも、こんなに辛い思いをするなんて、30年前の私に会えるなら、「結婚だけはやめとけよ!」と言ってやりたい。

竜ちゃん(本名・上島龍平)は、ふたり兄弟の長男として1961年1月20日、一年で最も寒い大寒の日に兵庫県で生まれました。

芸人の間では、お笑いネタがまったくウケないと「さむい＝スベる」と言いますが、おバカな竜ちゃんは、「俺はなぁ、芸人が一番生まれちゃいけない日に生まれたんだよ！　だからスベってなんぼの上島竜兵なんだよ！　わかるかい？　ひかる」と、大好きだった寅さん口調でよく言っていました。

私は高校3年生の夏に、『発表！日本ものまね大賞』（フジテレビ）に出場したところ、運よく優勝し、すぐに芸能事務所からスカウトされてデビューが決まりました。

あとで聞いたら、私が優勝したその番組を、竜ちゃんもスタジオの片隅から見ていたらしいのです。まだ、女子のお笑いタレントが、今ほど多くなかった時代だったので、「あの子、どの事務所に入るんだろう？」と、私のことを話題に盛りあがっていたそうです。

この番組には、松村邦洋さんも出場し、たけしさんの見事な物真似で話題となっていました。

当時、ダチョウ倶楽部は4人から3人になったばかりでしたが、ライブなども精力的に行いながら、深夜番組でもレギュラーを獲得するなど、注目される存在となっていました。

翌年の3月、高校の卒業式の予餞会《よせん》のゲストに、学校側は3組のタレントさんを呼んでいたのですが、そのうちの1組が偶然ダチョウ倶楽部でした。

私は送られる側なので何もしなくていいはずなのですが、芸能活動をしていることを先生たちも知っていたことから、予餞会の司会をやってほしいと頼まれていました。

予餞会は朝9時半から始まるため、ダチョウ倶楽部は朝早くに楽屋へ入っています。担当の先生はミーハーなので、私をダチョウ倶楽部のところへあいさつに行こうと誘いました。

「今日はよろしくお願いいたします。この子が夏にデビューした、広川《ひろかわ》ひかるです。今日は司会をやらせてもらいます」

先生に紹介され、私もダチョウ倶楽部の3人に、「よろしくお願いします」と頭を下げました。この時、初めて竜ちゃんと顔を合わせたのです。

早朝の移動だったこともあり、ダチョウ倶楽部の面々はみんなテンションが低く、特に竜ちゃんは目も合わせずにブスッとしていました。

あいさつを終えて、一旦、楽屋を後にしたのですが、今度は違う先生から「広川、ダチョウ倶楽部のところへあいさつに行こう」と言われて、再び楽屋へ。

「今日司会をする、広川ひかるです」

二度目の紹介に3人も状況が理解できず、「さっきも、来ましたけど？」と、とまどっているようでした。

これで終わればご愛敬ですが、なんと3人目の別の先生も現れ、三度も楽屋あいさつをすることになったのです。

あとでこの日の出来事を竜ちゃんに聞いたところ、「しつこいわ、広川ひかる」と、相当、私の印象を損ねたようでした。


高校を卒業後、事務所が盛んに売り出してくれたおかげで、すぐに仕事が入り、バラエティ番組の収録現場で、ダチョウ倶楽部にもよく会うようになっていました。

竜ちゃんと再会したときも、朝早くから3回も来て、いい意味でも、悪い意味でも、印象付けられていたのか、「ああ、あんときの子か」と、覚えていてくれました。

その後、私の事務所の先輩にプロレスが好きな人がいて、一緒にプロレスの試合を見ようと誘ってくれました。

私は全くプロレスのことを知らなかったのですが、会場には、肥後さんと竜ちゃんが見に来ていて、試合が終わると一緒にご飯を食べに行くようになりました。

そんなことが何度かあり、顔を合わせるうちに最初は不愛想だった竜ちゃんも、だんだん心を開いてくれるようになっていったのです。

やがてプロレスと関係がないときに、「ひかるちゃん、暇だったら飲みにいかない？　肥後ちゃんも一緒なんだけどさぁ」と、竜ちゃんから私に連絡があり、予定もなかったことから、この誘いを受けたのですが、急に肥後さんがお腹を壊して来られなくなってしまいました。

結局、私は竜ちゃんとふたりで初めて飲むことになり、漫画家の水島新司《みずしましんじ》先生ゆかりの、四谷の『あぶさん』という居酒屋に行ったのです。

竜ちゃんはいつになくご機嫌で「何食べる？」「何飲む？」「これおいしいよ」と、気遣ってくれました。

でも、どこか緊張している雰囲気もあり、私は「いつもと違うな」と、思っていました。

しばらく飲んでいると、竜ちゃんがふと真面目な顔になって、意を決したようにこう言うのです。

「お付き合いしてください」

後々聞いた話では、竜ちゃんが私のことを気に入り、ふたりで会えるように肥後さんをダシにして仕組んだのだと言っていました。

その頃、私は竜ちゃんの人柄を知っていましたので、まずはお友達からと思い、交際の申し出を受け入れたのです。

この選択が正しかったかどうかと問われれば、そのこと自体に後悔はありません。

ありませんが、ただもう少しだけ一緒にいて欲しかったな……。

28年間、「竜ちゃんファースト」

私と竜ちゃんは、お互いの家も近く、頻繁に会うようになっていったのですが、竜ちゃんは「つかみはOK」とでも思って調子に乗ったのか、付き合い出してすぐに「結婚して、結婚して」と、毎日言うようになりました。

正直20代前半の私は、結婚なんて考えてもいませんでした。

竜ちゃんは仕事も順調でゴールデンの番組『王道バラエティつかみはOK！』（TBS）や、深夜の冠番組『ダチョ～ン倶楽部』（テレビ朝日）など、活躍の場も広がっていました。ようやく自信もついて30代半ばを迎え、自分の家庭を持ちたいという願望を抑えきれなかったのでしょうか。

毎日のように迫って来るプロポーズの嵐と熱意に、私もグイグイ押されついに観念してしまったのです。

「そういうものなのかしら。私は、竜ちゃんと結婚するのね、きっとそうなのね」

私はすっかり洗脳されてしまった感じでした。

お付き合いから3年、私たちは結婚することになりました。

1994年10月22日、新郎33歳、新婦24歳での結婚式。

披露宴は赤坂プリンスホテルで行いましたが、10月の改編期のはざまで、業界人は忙しい時期なので欠席者も多く、当日キャンセルなんていうタレントさんもいて、それこそ「聞いてないよ～！」でした。

それでも200人ほどが集まってくれて、ふたりの船出を祝ってくれました。

結婚してわかったことなのですが、竜ちゃんはとにかく自分が一番。自分を優先してくれないと嫌な人でした。なので私は、いつも「竜ちゃんファースト」を心がけていました。

家に帰って来て愚痴のひとつも言いたいこともあるだろうし、どうぞ、言って頂戴という感じなのですが、とにかくプンスカして文句ばかり。

わがままが長々と続くときには、「仕事現場でも家でもみんなが、竜ちゃんが機嫌よく仕事ができるように気を遣ってくれているんだよ」と、お説教することが何度かありました。

竜ちゃんの困ったところは、ほかにもたくさんあるのですが、その中に「スケジュールを教えない」ということがありました。

何度、不満を言ったことでしょうか。最初の頃は、冷蔵庫に事務所からもらうカレンダータイプのスケジュール表を貼ってくれていたのですが、それがいつの頃からか、冷蔵庫に貼らなくなり、仕事内容も私に話したくないようだったので、あれこれうるさく聞くようなことはしませんでした。

レギュラー番組だと収録日はたいてい、同じ曜日なので予想はつくのですが、単発の仕事となると何時にでかけるのかもわかりません。

せめて帰宅時間くらいは知っておきたいと、「今日は何時に帰って来るの？　ごはんはいるの？」と聞いても、「ん〜、あとで電話するわ」と言って出かけたっきり。

電話なんて、かかって来ないというのが、いつものことでした。

スケジュールが把握できないので、あるときなど、いつまでも寝室から起きて来ないので心配になり、「今日は、何時に出かけるの？」と声を掛けると「今日は、休み」と言って一日中寝ているときもありました。どうせ前日に飲み過ぎたのでしょう。

毎日飲み歩いているため、「翌日がお休みだから、お友達と遅くまで飲んでいるんだな」とか、「明日は大切な仕事だから、今日は早く帰ってきたのか」と、私には判断できたためしがありません。

休みだから旅行に行こうとか買い物に行こうなんてこともなかったです。ほかの芸能人の方々のように、お正月にハワイに行くなんてことも一度もなく、プライベートの海外旅行と言ったら、唯一、新婚旅行でシンガポールへ行ったことがあるだけです。せめて国内旅行で温泉にでも行こうよと言ってみても「親とか友達と行っておいで」という人で、その点では本当に面白みのない人でした。

なんの番組に出演しているのか、どんな仕事なのかも教えないものですから、テレビで偶然、竜ちゃんが出ているのを見て、こんな仕事をしていたのかと知ることばかり。あるときには、どうも数日、見かけないなと思っていたら、私には何も知らせずにハワイロケに行っていたことがありました。

お土産にキムチを買って来て、「ヒーチャン、ハワイの焼肉屋さんのおいしいキムチだよ〜」ですって。

「なんでハワイ土産がキムチなのよ！」と、うっかり笑っちゃって、もう怒るのも馬鹿馬鹿しくなってしまいました。

自分勝手が酷《ひど》すぎると、日頃の生活態度を何度も注意してきましたが、そんなときは「仕方ない、仕方ない、ごめんなさい、これから気を付けます、許してヒーチャン」と土下座をして謝ります。

土下座なんて簡単にしますから、反省の態度を見せながらも、実際は、まったく反省などしていないのがバレバレでした。

そんなポンコツ亭主でしたから、正直、何度も離婚しようと思ったこともあります。まじめな話をしたくても家にいないし、いたとしても酔っぱらっているし、本当に話にならなかったのです。

あまりにも腹が立って、黙ってひとり韓国へ家出旅行に出かけたこともあります。買い物をしておいしいものを食べてエステをして、気分をリフレッシュして、2泊3日の家出を終え帰宅すると、テーブルの上は食べ散らかした跡があり、しばらくすると竜ちゃんが帰ってきました。

「あー、ヒーチャン、出かけてたのかぁ、このテーブルの上を食べ散らかしてるの、ヒーチャンかと思ってたよ。俺だったのかぁ、アハハ」

そうです、竜ちゃんは、その3日の間、私がいないことに気づかず、酔って帰って記憶がないまま、コンビニで買ってきたものを食べて、そのままにして寝るという生活を送っていたのです。

家出をして竜ちゃんに反抗してみたのですが、何の効き目もないことがわかり、家出は2回でやめました。

私も気が強いので「いいかげんにして」とばかりに爆発して、文句をぶつけたことも1度や2度ではありません。

そのうちにしまったと思った竜ちゃんが、詫び状を書くことが習慣のようになりました。最初に詫び状をもらったのは、新婚の頃でした。以来、事あるごとに10年くらい続いたと思います。

きっと、竜ちゃんはそんなに悪いとは思っていなかったのでしょう。なにせ子分肌なので、それを親分に書いておけばどうにかなると思っていたに違いありません。

「本当にごめんね！　僕はヒーチャンを幸せにするために生きています」なんて書いているのですが、結局、幸せになんてしていないということですよね、死んじゃったってことは。

「お前なんか、勝手に生きろ！」ってことですよね。

まったく自分勝手で結婚生活28年間、腹の立つことのオンパレードでしたが、なぜか憎めない、まさに寅さんのような竜ちゃんだったんです。

唐突にやってきた別れの夜

2022年3月に、ハリウッド・スターのブルース・ウィリスが俳優引退を発表しました。

このニュースをテレビで見た竜ちゃんは、急いで自室から出てきて、私に「僕も引退したい」と告げたのです。

「えっ？」

私は驚き、最初はギャグで言っているのかなと思いました。

「引退したいんだったら、今ある仕事を全部終わらせてから、公にしたらいいんじゃないの？」

竜ちゃんは、黙ってまた自室に戻ったのです。今から考えれば、その頃にはすでに心を病んでいたのかもしれません。

前述のとおり、ゴールデン・ウィーク明けに急いで帰宅した私でしたが、確かに竜ちゃんが亡くなる直前は、かなりよくない状況でした。

10日の夜になって、竜ちゃんがぽつりとこう言ったのです。

「もう死んじゃいたい」

私はドキリとしました。

顔は今にも泣きだしそうに、虚《うつ》ろな表情を浮かべていました。

コロナ禍で自由に仲間たちとも会えず、仕事も減っていたためか、その頃はお酒を飲んだ上に睡眠導入剤も飲んで、正体を失って眠るという日々を送っていたのです。

そういう生活が精神的にも良いわけがありません。

以前から泣き上戸のところがあった竜ちゃんでしたが、その日は、酔ってめそめそ泣いていました。

精神的に辛い状況を察して、私が「病院へ行こう」と言っても、竜ちゃんは聞く耳をもちません。

自分の殻の中に閉じこもるようになっていました。

「死んじゃいたい」と言いながら、自室に入って行った竜ちゃんを見て、私はいつもと違うと感じ、竜ちゃんをひとりで寝かせてはいけないと、急いで戸締りをして、電気を消し、慌てて竜ちゃんの部屋へ向かいました。

竜ちゃんの様子がおかしいことは、私の母と親友、ふたりだけには打ち明けていました。

「私ひとりじゃ、無理だ」

明日は、竜ちゃんの親友の放送作家に相談してみようと考えながら、部屋に入っていったのです。

竜ちゃんが自室に入ってから、何分も経っていませんでした。

部屋のドアを開けると、竜ちゃんはベッドの上にいるはずなのに、からっぽの布団だけが残されていました。

いやな予感がして目を辺りに向けると、私の視界の隅に、うずくまるような姿の竜ちゃんがいたのです。

駆け寄って「竜ちゃん！　竜ちゃん！」と大声で名前を呼んで体をゆすりました。

同時に、片手で携帯から119番に連絡して救急車を手配し、近所に住む仲の良いスタイリストの小松原さんに電話しました。

救急車は5分もかからずに到着したので、エントランスまで降りて行ったところ、小松原さんも着いたところでした。

救急車に乗せられた竜ちゃんはまだ生温かく、小松原さんとともに病院へ向かいました。

私の頭の中は、竜ちゃんに息を吹き返して助かって欲しいという思いと、激しく後悔する気持ちでぐるぐる回っていたように思います。

もし、自室に入っていったときに、私も一緒に入っていたら……。

もっと、私が最悪の事態をリアルに想定していたら……。

「私が……私が……私のせいだ……」

自己嫌悪と罪悪感で、私も死んでしまいたい気持ちでした。

病院に着くまで救急隊員の方が、必死の蘇生処置を施していましたが、5月11日深夜、竜ちゃんはあまりにもあっけなく旅立ってしまったのです。

病院には、スタイリストの小松原さんご夫妻、太田プロのマネージャー重成静香《しげなりしずか》さん、太田プロの磯野太《いそのふとし》社長に、肥後さんや土田さん、出川さんも駆けつけ、10人ぐらいの関係者が集まっていました。

遺体はいったん警察で検死を行い、朝9時半に結果が出ると言われていたので、竜ちゃんの遺体を迎えに行き、斎場に安置しました。

自宅の前では、朝からマスコミのカメラが陣取っており、現場からの生中継も行われていました。あとでその事実を知り、亡くなってからも芸能人はプライバシーを暴かれるのかと腹立たしい気持ちになりました。

腹が立ったのは私だけではなく、ネットでも現場リポートしたテレビ各局に、批判が集まっていたようです。

後日、報道関係の知り合いに聞いた話によれば、厚生労働省からは、自ら命を絶った人についての報道ガイドラインの周知徹底が、マスコミ各社に促されており、遺族への最大限の配慮を求められていたそうです。しかし、そのときはまったく守られていませんでした。

中継したテレビ局からは、謝罪を含めてなんらかの接触やコメントは、今もまったくありません。

今さらそのことを蒸し返しても仕方ないことかもしれませんが、そのときには竜ちゃんを失ったショックが大きく、心のやり場を失い、中継したテレビ局へ怒りをぶつけるしかなかったのかもしれません。


最愛の伴侶が、突然、目の前からいなくなってしまうことは、筆舌に尽くしがたいほどとても辛いことです。

本人にとっては、それしかない選択だったのかもしれませんが、側で支えていた身としては、結婚生活も私の存在もすべてを否定されたような気分で、寂しさと辛さと後悔と共に、生涯、生きていくのだと思います。日にち薬という言葉がありますが、まだまだ、そのお薬は足りていません。


毎年多くの人が家族を残して、自ら死を選んでいます。

ほんのわずかでも、危険なシグナルを察知したら曖昧な対応をとらず、病院に連れて行くとか、友人知人に相談するとかして心のケアに協力してもらってください。

それが私からのお願いです。

きっと天国の竜ちゃんも、そう思っていることでしょう。

第三章

夫婦の日々と志村けんさん

夫婦のコミュニケーション

私は結婚披露宴の直前まで残っていたバラエティ番組の仕事を、すべてこなした上で、結婚後はどうしてもという場合を除いて、仕事を減らしていました。

それよりも家庭に入って、竜ちゃんのサポートに徹することにしたのです。

余談ですが、私の誕生日は10月6日です。

これは私が勝手に思っていることですが、10月6日生まれの女性は、しっかり者の女将さん気質の方が多いような気がします。

例えば、先代林家三平《はやしやさんぺい》さんの奥様で、今も林家一門を支える女将さんの海老名香葉子《えびなかよこ》さんや、関西お笑い界の重鎮で元参議院議員でもあった、西川《にしかわ》きよし師匠の奥様、西川ヘレンさんも10月6日生まれなのです。

ネットで検索すると、ほかにも実に頼もしい女性たちがヒットします。

それがどうしたと言われれば、それまでなのですが、なんとなく共通点があるような気がしています。

そんな女将さん気質の私は、いつでも竜ちゃんの送迎ができるよう、結婚直前に自動車免許を取得しましたし、家の中のことはすべて私がやるので、竜ちゃんには、芸能界の仕事だけに集中して欲しいという思いでした。

ところが結婚すると、すぐに私にどっきり番組のオファーがありました。

カラオケ屋さんで、ホステスさん達と盛り上がっている竜ちゃんの側に、変装した私がそっと近づき、鼻の下を伸ばしている亭主を驚かせるというものです。

私は仕掛け人なので、「私の出演どうする？」と、騙される側の竜ちゃんには相談できません。

せっかくのゴールデン番組の出演のチャンスを、竜ちゃんから奪うわけにはいかないだろうと、仕方なく仕掛け人として出演を受けることにしました。

おかげさまで、どっきりは大成功。竜ちゃんのリアクションも面白く、番組の視聴率もずいぶん高かったようです。

少しは竜ちゃんの役に立てて、出て良かったなと思いました。

この番組出演をきっかけに、夫婦共演のお話が舞い込むようになりましたが、そのほとんどは、「ヒーチャン、今回だけお願い」と、竜ちゃんから頼まれたものばかり。

結婚したら内助の功を発揮して、竜ちゃんを支えようと思っていたのですが、「今回だけ」が何度も続き、これもまた、立派な内助の功だと自分を納得させていたのです。ただ、これをきっかけに私単独の番組出演オファーも入り、当時は、今より景気の良い時代だったので、海外ロケにもあちこち行けたのはラッキーでした。

家庭の主婦に徹しようとしていた私の思惑は、すっかりひっくり返ってしまいましたが、竜ちゃんが飲み歩いていても、家でひとりぼっちで過ごす時間は少なくなって、つまらない日常から少し解放された気分でした。


その後、竜ちゃんと同じ、太田プロダクションにお世話になることになりました。

同じ事務所内のタレントさんとセットで、一緒に番組に起用されることを、業界用語で「バーター」と言うのですが、竜ちゃんは自分のバーターで私と一緒の共演は良くても、私のバーターでの共演をすごく嫌がりました。

くだらないプライドがそうさせるのでしょうか、私のバーターで出演する時には「俺はおまけだ」とか言って撮影現場に向かう途中、ずっとぶつくさ文句を言っていました。

「だったら、最初の時点で断ったら良かったんじゃないの!?　私の方は、いつもそのおまけ役なんですけど」

あまりにもしつこいので怒ったら、反省したのか、カメラが回ると明るく、ちゃんと話してくれたのでホッとしました。


そんな日々を過ごすうち、30代前半に、私の体調がものすごく悪くなったことがありました。体力がなくなり、すぐ疲れてしまい、当時はいつも横になっているような状態でした。

ある日、鏡に映る自分の首がボコッと腫れていることに気が付き、これはただごとではないと病院で検査してもらったところ、慢性甲状腺炎(橋本病)という診断でした。

甲状腺ホルモンが極端に少ない状態であるとわかり、その日から今まで、薬をずっと服用し続けています。

ストレスが原因の病気なのかはわかりませんが、それからあまりストレスを溜めないよう、竜ちゃんに期待してイライラするのを止《や》めました。

この橋本病は、完治するということはなく一生付き合っていく病気だと聞き、最初の頃は、生涯ずっと治療をしなくてはいけないことに気分が落ち込みました。

薬を飲み始めてだんだん症状も改善されたころに、私の母方の祖母が、ひとり暮らしの家で、脳梗塞で倒れ入院することになりました。

退院後は、今までのようにひとり暮らしというわけにはいかないため、次に暮らす家の準備が整うまでの数カ月間だけ、祖母を我が家に引き取りたいと、ダメもとで、竜ちゃんにお願いしたことがありました。

すると竜ちゃんは、あまりにもあっさり快諾してくれ、ちょっと驚いたくらいです。

そういう優しいところが、竜ちゃんの一番好きなところでした。

私の兄の子どもたちにも優しく、本当は、子どもと接するのは得意ではないのですが、夏休みに子どもたちだけで、東京の私たちの家に泊まりに来たりすると、一緒に食事をして、猛暑の中、水族館へ連れて行ってくれたこともありました。

竜ちゃんも、夏休みのお父さんの真似ごとのようなことを、してみたかったのでしょうか。日頃の出不精の竜ちゃんを考えると、ちょっと意外な一面でした。

上島家の方には、甥も姪もいないので、私の親族だけが、竜ちゃんにとっての親戚の子ども。ほかにも従姉妹の娘のことも、とてもかわいがってくれました。

この祖母の件や夏休みの甥と姪の滞在など、みんなの中で、沢山の思い出を作ることができて、とても感謝しています。


竜ちゃんの仕事も順調に増えていき、お茶の間のテレビになくてはならない、リアクション芸の第一人者と言われるようになりました。

飲み歩いて家で落ち着くということのない生活ではありましたが、その活躍を見るにつけ、「竜ちゃんはこれでいいんだ」と、世界で一番のサポート役を自任する私としてはとても嬉しく思っていました。

ところが、そんな充実した竜ちゃんの日々を、一転させたのが２０２０年初めから猛威を振るい、世界的なパンデミックを引き起こした、あの新型コロナでした。

芸能界でもクラスターを恐れて再放送が増え、番組収録も極端に減る時代になってしまい、仕事は激減してしまいました。

そのことを一番心配していたのが竜ちゃんでした。

仕事をしていないということに罪悪感を感じ、「働かなくてごめんね」としきりに私に謝って来たのです。

「これは、竜ちゃんだけじゃなくて、世の中の誰もが同じ状態だよ。竜ちゃんは、何社もCMをやらせていただけてるんだから、我が家のお金のことは、心配しなくていいんだよ」

こう何度も伝えましたが、家にいる自分に何の価値もないように思ったのか、しょんぼりすることが増えていきました。

わずかながら貯えもありましたし、減ったとは言え仕事もコンスタントに入っていましたから、まったく問題はなかったのですが、竜ちゃんは心配性なところがあり、ちょっとしたことを気に病むクセがありました。

でも、コロナのおかげで良いこともありました。

家にいる時間が多くなり、以前は仕事のことは、相談することなどまったくあり得なかったのですが、その頃にはアドバイスを求められることが増えていったのです。

「今度、こういう番組に出るんだけど、どんなリアクションしたらいいと思う？」と聞かれたので、率直に意見を言うこともありました。

すると、その仕事現場から大喜びで帰って来るなり、私にこう言ったのです。

「ヒーチャンの言うとおりにやってみたら、大ウケだったよ」

そういうときはご機嫌で、「さすがヒーチャンだね」とほめてくれました。

ドラマのセリフ合わせでは、竜ちゃんはほかの人のセリフが頭に入らず、最低限、自分のところしか覚えないのです。

「このドラマ、結局、犯人は誰なの？」

「知らない」

ほかの人のところは読んでいないので、わからないと言うのです。

出演者のひとりとして、それはダメじゃないの？　と思いましたが、演じる仕事のやり方は人それぞれ。竜ちゃんには竜ちゃんの演じ方があるのだろうと、突っ込むのはやめておきました。

家にいる時間が多くなり、仕事の相談やドラマのセリフ合わせを竜ちゃんに頼まれたり、家で一緒に食事をすることが当たり前になったりしました。

「竜シェフ」として、今までやったことがない料理に挑戦してご飯も作ってくれたのです。

だけど、それは最初だけ。

自粛期間が竜ちゃんを苦しめ、思わぬ事態を招いてしまったのです。

「竜ちゃん」の心に忍び寄る影

読者の皆さんは、よくご存じだと思いますが、竜ちゃんはお腹がポッコリ出ている典型的なメタボ体型です。

初めての主演映画『上島ジェーン』では、竜ちゃんがサーファーになるというストーリーでしたが、サーフボードを持つ姿はやっぱり似合いません。

そんな体型だったこともあってか、睡眠導入剤をもらっていた近所のかかりつけ医で、毎月1回、血液検査を行っていました。

かなり前に検査結果から、「糖尿病予備軍」と言われたようなのです。

竜ちゃんからそのことを聞き、食事や運動など気を付けるようにしていたのですが、いつの間にか、薬を処方してもらって飲むようになっていました。

どうやら予備軍から糖尿病患者へ〝昇格〟したようなのです。

なぜ「ようなのです」とあいまいに言葉を濁しているのかというと、竜ちゃんは私に体の状態をきちんと言ってくれなかったからです。血糖値がどのくらいなのかも、教えてくれません。

実は結婚当初から、竜ちゃんは毎晩お酒を飲んで、酒の肴《さかな》も大好きでしたから、「こんな生活をしていると、糖尿病になるよ」と、ずっと言い続けてきました。もしかしたら私に怒られると思って、本当のところを言いたくなかったのかもしれません。糖尿病は合併症が怖いと良く言いますが、幸いほかの重篤な病気を発症することはありませんでした。

ところが数年前に出演したスペシャル番組の収録で、大きな風船の上に座るというシーンがあり、竜ちゃんはグラグラする風船の上から、勢いよく滑り落ちて腰を強打したのです。

その日は、痛さはあったものの、歩けないほどではなかったことから、ただの打撲で何日か安静にしていれば治るだろうと思っていました。

でも数日たっても腰の痛みは引かず、むしろ増すようになっていきました。

湿布を貼っても効果はなく、次第に腰痛に悩まされるようになっていったのです。

「私が通っている病院を紹介しようか？」と言うと、病院嫌いの竜ちゃんが、よほど辛かったのか素直に応じてくれました。

医師の診断は、「椎間板ヘルニア」。

先生からは、痛みはその炎症からくるものなのだから、しばらくは仕事をセーブして安静にするよう言われたのです。

でも竜ちゃんには、早く治したいという焦りが勝っていました。

「時間はかかりますが、治りますよ」

先生から言われ、同じことを私が言っても納得してくれません。

竜ちゃんは、我慢できない腰の痛みを早く取りたいと思っていたのでしょう。処方された痛み止めの薬を、本来なら前に飲んでから6時間ほどあけないと飲んではいけないのに、4時間ぐらいで飲んでしまうこともありました。

その弊害はすぐに現れたのです。

収録現場やスタジオに同行していた、スタイリストの小松原さんは、「続けて飲みすぎて朦朧《もうろう》としたり、呂律《ろれつ》が回らなくなったこともあった」と、私に報告してくれました。

その上、痛みを和らげようとして、以前より多くお酒を飲むようになっていました。


竜ちゃんは別のお医者さまに診てもらえば、ケロッと治るんじゃないかと考えて、3つの病院に行ったのですが、結局、診断は同じで「時間の経過を待つこととリハビリで対処するしかないですよ」と言われ、同じような薬を出されてしまったのでした。

ただ、どこの病院でも、手術は勧められませんでした。

その後、お医者さまから教えてもらった腰痛体操を、ベランダでやっていたこともありましたが、痛みが和らぐことはなかったようです。

人から良いと聞いたものは、すべて試しました。

サイズが違うと言われ、何度か買い直した「バンテリンの腰椎コルセット」に、竜ちゃんが欲しいと言うので買った、「低周波治療器」も試しましたが、腰痛は一向に改善しません。


一方、竜ちゃんにはもうひとつ悩ましい持病がありました。不眠症です。

20年ぐらい前から、睡眠導入剤を処方してもらい、お酒と一緒に飲んで、毎日、倒れるように寝ていたのです。

もう亡くなってしまった有名な俳優さんが、睡眠導入剤とお酒を一緒に飲んで、鬱になったというのを聞いていたので、「睡眠導入剤とお酒を一緒に飲むのは、やめてほしい」と、竜ちゃんにずっと注意していたのですが、私の言うことなんか全く聞いてくれません。

10年近く前、新しいマンションに引っ越したときには、家の中に段差があることに慣れていなかったので、睡眠導入剤とお酒を一緒に飲んでは、ふらふらして、よくつまずいて転んでいました。

目の近くをぶつけて、ケガをしたこともありました。

夜中に目が覚めて、お腹が空いたのか冷蔵庫に入っていたおでんを温めようとして、手の甲に、ケロイドになるぐらいの大やけどを負ったこともあります。

それぐらい睡眠導入剤とお酒の飲み合わせは、意識を混濁させ突拍子もないことを引き起こすのです。

腰痛と不眠症、コロナによる仕事の停滞、仲間たちと会えない寂しさ、それらが竜ちゃんの心を追い詰めていったのでしょうか？

それに加えて、加齢による男性の更年期障害もあったのではないかと、感じています。

竜ちゃんは、映画が大好きで自宅でもよく観ていたのですが、その頃から億劫になったのか、2時間の映画を見ることも、気力が続かないようでした。

お風呂も大好きで朝夜一日2回も入っていたのに、入らなくなったり……。

私は竜ちゃんの心が何か大きな重しを抱えているような気がして、「一緒に医者に行こう」と提案していたのですが、「行きたくない、行きたくない」と拒み続けていました。

でも、家で飲んでご機嫌が良いときは、「今度、旅行に行こう、あの店であれを食べよう」「アメリカへ行こう」などと言うのです。

「アメリカの野球場ってさ、すごく、きれいなんだよ。野球観戦しながら、バーベキューなんかできるところもあるんだよ」

「じゃあ、コロナが落ち着いたら、絶対に行こうよ。竜ちゃんの好きな球場巡りをしようよ」

「いいなぁ、行ってみたいなぁ」

ニコニコしていて、いつものテキトーに言う、「行こう、行こう、詐欺」じゃなく、このときは、本当に一緒に旅行に行けるような気がして、その日が来るのを楽しみに待つことにしました。

しかし、そんな竜ちゃんの心は、すでに大きな精神的痛手を受けていたのです。

それは2020年3月29日、新型コロナウイルス感染症による肺炎で、竜ちゃんが師匠と慕っていた志村けんさんが亡くなってしまったことでした。

志村けんさんの訃報

竜ちゃんは、30代中頃から『志村けんのバカ殿様』（フジテレビ）に出演させていただくことになり、以来、旅番組や深夜のコント番組、舞台「志村魂」でも志村けんさんと共演し、長い間、公私にわたって大変お世話になりました。

竜ちゃんは芸能界の師匠と大尊敬していたので、志村さんの訃報に接して以降、毎日泣いていました。

竜ちゃんが話してくれたのですが、志村さんは、竜ちゃんに対してまったく偉ぶることなく、「竜ちゃんは俺の親友だ」と、常々話していたそうです。

私は毎年夏に公演されていた舞台「志村魂」の観劇の際に、出演後のまだ汗で体がホカホカした状態の竜ちゃんに連れられて、志村さんの楽屋にご挨拶に伺っていました。

志村さんは、とてもシャイな方で、私はもう何回もお会いしているのに、いつも素っ気ない感じなので、「お疲れのところ、ご迷惑なのでは？」と思っていました。

だから竜ちゃんに、こんなことを聞いたことがあります。

「ご挨拶、ご迷惑じゃないかな？　遠慮した方がいいんじゃないの？　私、毎年、会っているけど、いつも初めて会ったような顔をされちゃうよ？」

するど竜ちゃんは、「そんなことないよ」と言って、逆に竜ちゃんから意外なことを聞きました。

「師匠が、『カミさんいつ見に来るんだ?』ってしょっちゅう言ってるからさ、ご挨拶してもらわないと、俺の立場がないだろ」

ご迷惑じゃなかったんだなと安心しましたが、それほど志村さんは人見知りなんです。

志村さんとの舞台は、竜ちゃんにとって芸人人生を賭けるほど大切にしていましたから、いつも面白いものにしようと情熱を傾けていました。

私が観に行く日には、「全体的な流れを見ておいてほしい。おかしいところとか、どこがどうだったか教えてほしい」と言っていたのです。

私は尊敬する志村さんの舞台について、あれこれ批評するなんて、おこがましいにもほどがあると思い、「そんなの言うの、やだ」と拒否していたのですが、竜ちゃんは許してくれません。

仕方なく観劇した翌日には、感じたままを伝えていたのです。

「竜ちゃんのリアクションは、バタバタしているように見えるから、もっと大きくしたほうがいいんじゃないのかな」

「あと、あの演出はわかりにくいから、こうしたほうがいいんじゃない？」

どうせ右から左に聞き流すだけだろうと、かなり生意気なことを言っていました。

ところが竜ちゃんは、私の意見を、飲んでいる席で志村さんに提案したというのです。

「師匠、あのくだりなんですけど、ちょっとわかりづらいようなので、こうしたらいいんじゃないですか？」

すると、それがその場で採用され、次の日の舞台に反映されたのでした。

千秋楽が終わると、竜ちゃんは満面のドヤ顔で私にこう言いました。

「なあ、俺が言って演出を変えたら、あの部分、良くなっただろ？」

私がアドバイスしたことなど、すっかり忘れてしまっていたのです。

志村さんと竜ちゃんは、お笑いに関してはとにかく貪欲でした。

仕事でご一緒すると、その仕事終わりで一緒に飲みに行き、別の仕事なら待ち合わせて飲みに行くなど、連絡は毎日取り合っていた志村さんと竜ちゃん。お笑いについて語りあおうと、ふたりはほぼ毎日のように一緒に過ごしていました。

私と過ごす時間よりも、はるかに志村さんと過ごす時間が多かったので、「竜ちゃんは、志村さんと結婚したらよかったんじゃないの？」と言ったこともあります。

飲みに出かけてしまうということは、その間、私は、ひとりで家にいるということになります。

ある日、志村さんと竜ちゃんが出演していた番組で、ゲストの若い女性タレントさんが「私、ひとりでご飯を食べられないんですぅ」と話していました。

それを聞いた志村さんも、「えー、ひとりでご飯食べる人なんているのー!?」と共感していました。そのとき、まさにひとりで食事をしながら番組を見ていた私は、思わず食べているものを吹き出してしまいそうになりました。

もう怒りとかじゃなくて、笑っちゃう、まさに、『ドリフ大爆笑』（フジテレビ）のいかりや長介《ちょうすけ》さんの名台詞、「ダメだ、こりゃ」な気分でした。

その全部が、志村さんとの飲み会だったわけではありませんが、仕事が終わってまともに家に帰ってくることはほとんどなく、それなのに私には家にいて欲しいという自分勝手な人でした。

いわば竜ちゃんは、〝昭和の男〟そのもので、「妻たるもの、家庭を守るべし」という考えの、典型的な亭主関白夫だったのです。

ある日、朝になっても帰って来ず、ようやく昼過ぎになって、ニコニコと帰って来たことがありました。

睨みつける不機嫌な私に竜ちゃんは……。

「いやぁ、ゴメン、ゴメン、泊まってきちゃったよ、師匠んち。朝ごはんも志村さんが作ってくれてさーアハハ、志村さんが、シジミのみそ汁を作ってくれてさぁ」と、なんとも嬉しそうに報告するのです。

「どっかのおねぇちゃんの家じゃないんかい、志村さんのこと好き過ぎでしょ。電話くらいしなさいよ」

呆《あき》れる私に、どういう経緯で泊まることになったのかと、嬉しそうに説明してくれました。

志村さんのお弟子さんで現在、地元の鹿児島を拠点にタレントとして活躍している、げそちゃんこと〝乾《かわ》き亭《てい》げそ太郎《たろう》〟さんは、竜ちゃんとは、20年以上前に、げそちゃんが志村さんの運転手をしていた頃に知り合いました。

竜ちゃんと一緒に、私も何度か志村さんとの食事の席に同席させていただいたことがあります。

その際、げそちゃんが運転する志村さんのリムジンに乗せてもらいましたが、志村さんを乗せているという緊張感もある中、あの大きな車をスイスイ運転する技術に感心しました。

車内は、きらびやかなネオンが付いていて、座席の座り心地もよく、夢のような空間でした。

げそ太郎さんにとって、竜ちゃんは良き兄貴分であり、何を言っても許してくれる先輩といったところでしょうか。

「僕は上島さんや肥後さんがいなかったら、たぶんこの世界は辞めていました」と言っていたことがありました。

志村さんのところを離れて仕事がない中で、竜ちゃんが自分の番組に呼んだことがあり、その際、げそちゃんが竜ちゃんに相談したのだそうです。

「これからどうやっていけばいいんでしょうか?」

「辞めないのも才能だから、絶対辞めないほうがいいよ」

竜ちゃんは励ましてくれたそうです。その言葉は、竜ちゃんからの言霊となって、今もげそちゃんの背中を押し続けていると話してくれました。


師匠と弟子の関係は、親子のようなものだと聞いたことがあります。

実際は、志村さんは竜ちゃんの師匠ではありませんが、数多くの共演を通して勉強させて頂いたことも多く、師弟関係に近いものがあったと思います。

ですから志村さんの正真正銘の弟子であるげそちゃんは、おとうと弟子のようなものです。私たち夫婦から見ると親戚のような感じで、お正月や夏休みに私の実家で過ごしたこともありました。

余談ですが、家族ぐるみで仲が良かったことから、「竜兵会」のメンバーの誰かが、私とげそちゃんが不倫していると勝手なことを言ったことがあります。

あくまで竜ちゃんをイジる、たわいもないネタだったのですが、いつしか独り歩きし、ネット上で本当のように語られるようになりました。

今では、げそちゃんも家族を持ったことですし、私も笑えない状況になっていたことから、この機会に全否定しておきたいと思います。

竜ちゃんもげそちゃんも、志村さんの笑いにかける情熱に心酔していたので、新型コロナで志村さんが亡くなった日は、悲しみのどん底に沈んだ思いでした。

夜の遅い時間に、竜ちゃんが「きっとげそが、ひとりで泣いているだろうから」と、私に電話をかけさせて、スマートフォンの小さな画面越しに、3人で話をしたのです。

重い空気の中、竜ちゃんが発した第一声が……。

「あのハゲ、死んじゃったな」

誤解のないように言い添えておきますが、決して志村さんの死を揶揄《やゆ》したのではなく、心底落ち込んでいるげそちゃんを思い、冗談めかして慰めようとしていたのです。

竜ちゃんのその一言で、げそちゃんは、わーっと泣き崩れてしまいました。

そのあとは言葉もなく、スマホの画面越しに、3人で大泣きしました。

志村さんの三回忌が過ぎたころ、げそちゃんから結婚と子どもが誕生する報告を受けました。

竜ちゃんは、「コロナが落ち着いたらさ、鹿児島にお祝いに行ってやるかな」「結婚式はするのかな？」「ヨメげそはどんな子かな？」「げそもとうとう、父親かぁ」と、とてもうれしそうにしていました。

残念ながらお嫁さんに会うこともなく、赤ちゃんの誕生も見届けることは叶いませんでした。

げそちゃんから「竜兵さんの本名の『龍』の字を子どもの名前に付けたい」と言われたのは、竜ちゃんの葬儀が終わってからのことです。

これは、竜ちゃんの生前から決めていたそうで、２０２２年9月に誕生した第一子に「優龍《ゆうり》ちゃん」と命名したそうです。

龍の字は女の子にはちょっと強すぎるのでは？　と心配する私に、「優しい龍だから大丈夫です」と笑顔で言ってくれました。

私は、関東に住むおばのようなつもりで、ゆうりちゃんの健やかな成長を祈り、そして竜ちゃんは、もっとずっと遠くから見守っていることでしょう。

ひとりで先に逝くなんて

竜ちゃんのお父さんが亡くなったとき、舞台があって臨終には立ち会えませんでした。

お通夜の前日が、たまたま舞台の休演日だったので、神戸の実家に駆けつけることができ、お父さんのご遺体と対面させてもらいました。

竜ちゃんは涙ひとつ見せず、気丈にふるまっていましたが、その夜、実家に泊まった際、事件が……。

夜中トイレに行くときに、お父さんのご遺体が置いてある部屋の前を通らなくてはならず、私をゆすって起こしたのです。

「家の中に死体があるなんて、怖くてトイレに行けないよ。ヒーチャン、一緒に来て」

「怖いのは私だって嫌だよ。竜ちゃんは自分の親なんだから、怖くないでしょ」

「いやいや、家の中に死体があるなんて、怖くてしょうがないよ」

いい年をして妻にトイレについてきてもらおうとは、小心者の竜ちゃんらしいお願いでした。

でも、それほどご遺体が怖かったのに、自分が自らそうなろうとしたのは、本当に竜ちゃんらしくありません。

体調の変化と志村さんの突然の逝去が、竜ちゃんに及ぼした影響は、とてつもなく大きなものでした。

実はお父さんが亡くなった同じ年に、舞台で共演したことのある、歌舞伎俳優の中《なか》村勘三郎《むらかんざぶろう》さんも亡くなったのですが、そのとき、竜ちゃんは「自分の親が亡くなったのより辛い」と言っていました。

自分と少しでも関わりがあって、何かしらお世話になった方が亡くなることは、繊細な竜ちゃんの心に深い傷を残していったのだと思います。

志村さんは、勘三郎さん以上にお世話になった大恩人です。

泣いて泣いて泣き明かして、ぼうっと過ごす時間が増えていきました。

前にも書きましたが鬱状態だと傍《はた》から見てもわかったので、何度も病院に行くことを勧めたのですが、頑なに拒んでいました。

2022年5月上旬、竜ちゃんと同じ60代の俳優さんが、縊死《いし》したとの報道が流れました。

もちろん私も、そのニュースに触れ衝撃を受けていましたが、鬱状態の竜ちゃんには、あまりその話題に触れて欲しくはありませんでした。

でも今考えれば、そのニュースの話を、積極的にすればよかったのかなとも思ってしまいます。

「そんなことをされたら後に残された人は、とっても大変なことになるよね。もし自分だったら、とても悲しい」

こういう形で私から伝えたほうがよかったのかもしれません。

それも後悔のひとつですが、そのとき、私は言わない選択をしたのです。

ところが、その夜、竜ちゃんから、「あの俳優さん、亡くなっちゃったね」と、話しかけられました。

続けて……。

「あちらは自分の家だけど、あれが賃貸だったら大変なことになるよね」

私たち夫婦が住んでいたのは、賃貸マンションでしたので、竜ちゃんは、もし自分が自ら死を選択した場合、賠償金を請求されるかもしれないと言っていたのです。

私はとっさに、「それはまずいよ、そういうことをしたら相当まずいよ」と言い返しました。

そのときは、亡くなった俳優さんの件を自分に置き換えて話したことで、ドキリとしたのですが、今思えば、自ら命を絶つことによって生じる問題を、冷静に捉えていたところもありました。

それなのに、なぜ突然この世に別れを告げてしまったのか、竜ちゃんの心のありようを今も理解しがたく感じています。

この件は、断言はできませんが、少なからず影響はあったものと思います。

そういう手段を取ってもいいんだと、竜ちゃんの心に自ら生を閉じてしまうという選択肢が刻まれたのかもしれません。

竜ちゃんが旅立ったのは、この俳優さんが亡くなられたことが報道されてから、わずか数日後のことだったのです。

第四章

芸人仲間に支えられた「竜ちゃん」

飲んだくれ「竜兵会」の芸人たち

太田プロの芸人を中心に竜ちゃんを慕う仲間たちが集まって、自然発生的に生まれたのが「竜兵会」です。

名前は凄そうですが、実態は毎日のように飲んだくれる集まりです。

結成のきっかけは、日本テレビで放送していた『ＴＨＥ夜もヒッパレ』という番組に「太田プロオールスターズ」として、ダチョウ倶楽部と若手の所属芸人が出演し、収録後に皆で飲みに行ったことから、定期的に集まるようになったのが始まりと言われています。

また竜ちゃんを中心に生まれた草野球チームの、チームメイトで飲み始めた時期とも重なっているので、その両方が組み合わさって「竜兵会」となったのだと思います。

私は「竜兵会」の集まりに何回か参加したことはありますが、カミさんが一緒だと、竜ちゃんも居心地が悪いようで、以後、誘われることはなく、実態についてはほとんど知りません。

メンバーは竜ちゃんのほか、肥後克広さん、土田晃之さん、有吉弘行さん、デンジャラスのノッチさんと安田和博《やすだかずひろ》さん、太田プロエンターテインメントカレッジの講師もしているピン芸人のヤマザキモータースさん、インスタントジョンソンのスギ。さん、ゆうぞうさん、劇団ひとりさん、マシンガンズの西堀亮《にしほりりょう》さん、滝沢秀一《たきざわしゅういち》さん、太田プロではないものの、なぜかメンバーとなっていたカンニング竹山さん、志村さんのお弟子さんの乾き亭げそ太郎さん、そして竜ちゃんが生前最後に電話で会話をした、新宿カウボーイのかねきよ勝則《かつのり》さんなど、実に多彩なメンバーが揃っていたのです。

「竜兵会」が行きつけにしていたお店は、当初、東高円寺の居酒屋『野武士』だったのですが、2016年に閉店してしまいました。

当時のことを有吉さんは、ツイッターでこうつぶやいています。

「昨夜、居酒屋『野武士』の閉店お疲れ様会。竜兵会の本拠地が無くなるのだから、竜兵会も解散しようという皆の提案を『竜兵会は絶対に解散しない！』と涙ながらに、頑なに、拒否する上島さん。大将とママに『もう一回考えなおしてよ！』と懇願する上島さんに、みんな呆れながらも愛を感じる。。。」（ツイッターより転載）

『野武士』閉店のあとは、近場の新中野にある韓国料理店『オジャンドン』が、「竜兵会」の本拠地となりました。
「竜兵会」の幹事役だったのは、太田プロ所属のピン芸人で、明治大学出身のメンバー一のインテリ、ヤマザキモータースさん。
「竜兵会」の実態について聞いたところ、こんなことを話してくれました。

「たけし軍団さんのように、たけしさんが絶対的なトップで、その人が命令したら、みんなが動くというのではなく、上島さんは『竜兵会』と名前こそついていましたが、皆からイジられるボケ役でした。ボケてみんなが突っ込むという感じで、それでまとまっていました。上島さんじゃないと、有吉や土田は付いてこなかったと思います。あいつらは上から言われると、絶対へそを曲げるから」

竜ちゃんと有吉さんや土田さんとのやりとりは、若手芸人にとって、実はとても勉強になったといいます。

竜ちゃんの天然のボケに対して、どう切れ味鋭く突っ込めるかが、飲み会の盛り上がりボルテージにも関わってくることから、皆を白けさせずウケをとるために、いろいろ研究していたそうです。

まだ今ほど売れていなかった有吉さんや土田さんの、あの舌鋒《ぜっぽう》鋭い突っ込み芸は、「竜兵会」で培われたのかもしれません。

とにかく「竜兵会」には、竜ちゃんの珍エピソードが満載でした。

竜ちゃんが、「お前ら何でも相談があったら言ってくれよ。俺が相談に乗るからね」そうやって頼りになる先輩風を吹かせても、そのうちベロベロに酔っぱらって、「俺はこれからどうしたらいいんだ」と、皆に相談したこともあったとか。

またヤマザキさんが、メンバーにペコペコ頭を下げているのを、竜ちゃんが見かねて、「いい歳こいて、誰にでもペコペコするんじゃないよ！」と突っ込んだところ、その場のメンバー全員から、「あんたもですから！」と、瞬時に返されてしまったことも。

かなり若手の芸人が「竜兵会」に参加した際には、竜ちゃんのボケに「アホの典型ですね」とか、「頭大丈夫ですか？」と、突っ込んで欲しい空気がまったくわからず、「さすがですね」「勉強になります」など、芸人として恥ずかしい返ししかできなかったそうです。

するとちゃんが、「お前、何やってるんだよ。それは優しさじゃないんだよ。遠慮なくバカにしろよ！」と、キレたことは今も語り草になっているとか。

芸人ではありませんが、仕事仲間の枠を超えた竜ちゃんの数少ない友人のひとりに、嵐《あらし》のリーダー大野智《おおのさとし》さんがいます。ドラマ『怪物くん』（日本テレビ）で共演してから、とても気が合うのか、ふたりで時間を合わせては会っていました。

お通夜の前の日、弔問に急きょ訪れてくれた大野さんは、動揺を隠しきれないほど憔悴《しょうすい》しきった表情を浮かべていました。

私は竜ちゃんと大野さんが、とても親しくしていたことを知っていたので、棺の側を離れ、竜ちゃんと大野さん、ふたりきりにしてさしあげたのです。

大野さんは、竜ちゃんに語りたいことが沢山あったのか、ずっと寄り添い続けてくれ、ロビーに出て来たときには、すでに4時間ほど経過していました。

そして、私にこう言ったのです。

「泣き切ったよ。でも、竜さんは生きているよ」

デジタル音痴の竜ちゃんは、大野さんと連絡を取りたいがために、携帯のショートメッセージをマスターしたほどでした。

20歳も年の差がありましたが、竜ちゃんは大野さんをとても尊敬していました。

「大野くんはすごいんだよ。仕事に対して妥協しないし、誰に対しても丁寧に接するんだ。それに沢山の才能を持っていて、本当にすごい男なんだよ」

常々こう言っており、ふたりがにこやかに、静かにお酒を酌み交わしていた姿を思い出します。

一方、「竜兵会」では、先輩なのに後輩芸人にいつもイジられてバカにされても、竜ちゃんは、それでいいといつも思っていたようです。

メンバーも、そのことは十二分にわかっており、竜ちゃんというサンドバッグを練習台に、突っ込み芸を磨いていたのではないでしょうか。

何を言っても許される雰囲気を醸し出す、竜ちゃんの人間的な懐の大きさは、みんな感じていたと思います。

ヤマザキさんには、竜ちゃんの優しさを感じたエピソードも教えてもらいました。何年か前にヤマザキさんが病気になってしまって、それから裏方に回りお笑い芸人養成所の講師をすることになったとき、竜ちゃんに相談したそうなのです。

すると竜ちゃんは……。

「一生懸命、真面目に向き合えばいいいんじゃないか。正解がない世界だから、俺もわからないし、あるときはこっちが正解だと思っても、すぐにがらりと変わる世界だから、とにかくお前が思うことを真面目にやっていればいいじゃないか」

誠実に答えてくれ、前へ進む勇気を与えてくれたと話していました。

「竜兵会」は、メンバーの結束が強かったものの、トップダウンで強制する集まりではなく、竜ちゃんが「今日、どうよ？」と声をかけて、来られる人は来れば良いし、来られない人は断っても問題ない集まりでした。

でも、みんなが竜ちゃんを慕っていて好きだったので、本当に毎晩のように集まっていたと思います。

そして竜ちゃんも芸人仲間が大好きで、お酒が好きというより、みんなで集まる飲みの場が好きだったのだと思います。

かねきよくんのこと

竜ちゃんが最後に電話で会話をした「竜兵会」のメンバーは、漫才コンビ〝新宿カウボーイ〟のかねきよ勝則さんでした。

メールを打つのが苦手だった竜ちゃんは、直接電話を掛けることが多く、かねきよくんともちょっとしたことでも、よく電話で会話をしていたようです。

私は、基本的に後輩芸人の方々と一緒に食事をすることは、ほとんどなかったのですが、私たち夫婦が食事をしているところに、後輩芸人さんが合流するということはあったので、かねきよくんとも何度か一緒にお酒を飲んだことがありました。

大柄で波平《なみへい》さんのようなヘアスタイルに丸い顔、イメージカラーは赤で、衣装も私服も赤を基調にした洋服をいつも着ています。

竜ちゃんも赤い色が好きだったので、どちらも赤い服を着た大柄なおじさんと小柄なおじさんふたりで仲良くお酒を飲んでいたことを思い出します。

大男ですが、温厚で優しく心遣いや気配りのできる、そういうところが繊細な竜ちゃんには、安心して一緒に飲める後輩だったのだと思います。


竜ちゃんと交わした最後の電話も、実はＺｏｏｍ飲み会の誘いでした。

何人かに電話をかけたのですが、皆さん都合が悪く、最後に連絡をとったのがかねきよくんだったのです。

でも、かねきよくんも予定が入っていて、都合がつかず断っていました。

「声をかけて、来られる人は来れば良いし、来られない人は断っても問題ない」というのが「竜兵会」の不文律。かねきよくんも、それを知っていたからこそ、「すいません、ちょっと予定が入っていまして……」と、受話器の向こうで頭を下げていたはずです。

まさか自分が、竜ちゃんと最後に会話を交わした後輩芸人になるとは、まったく思ってもみなかったことでしょう。

そのことを知ったかねきよくんは、とても後悔しているはずなのに、「それほど気に病んでいるわけじゃありません」と言うのですが、それは私に対しての気遣いだと想像しています。

かねきよくんの性格を考えれば、「無理してでも会っていればよかった」と、罪悪感に苛《さいな》まれていてもおかしくないのに、そのことを言葉にすると、私の心に負担をかけるのではないかと考える人なんです。

これはもう運命のいたずらであり、かねきよくんには何も責任はありません。

それでも何か竜ちゃんのためにできることはないかと思ったのか、竜ちゃんが亡くなって、私が自宅マンションから引っ越す際に、出演する寄席の前や地方営業からの帰りなど、忙しい合間を縫って何度も手伝いに来てくれました。

私の友人たちと一緒に大きな体で重い荷物もひょいひょいと運んでくれて、とても頼もしく作業もはかどりました。

納骨式には、仕事の都合で参列はできませんでしたが、それから毎月、お参りに来てくれます。

竜ちゃんは、かねきよくん夫妻の結婚の証人でもあるので、奥様のアキちゃんと一緒に来てくれるときもあります。

志村さんが亡くなったときに竜ちゃんがそうだったように、かねきよくんの喪失感は、とても大きく、竜ちゃんの話をしているといつも涙目になってしまいます。

でも、竜ちゃんのお墓参りに来ると必ず、うれしいことがあるそうです。

それは、我が家の最寄りの駅に着いたとたんだったり、お墓参り後に我が家でお茶を飲みながら話しているときだったり。スマートフォンが鳴り、新たな仕事の依頼があるそうです。

一周忌を控えた2月に来てくれたときなどは、私の目の前で2本の仕事が決まり、私もすごくうれしくなりました。

夕方、車で駅までかねきよくん夫妻を送るときに、車のフロントガラスの向こうに大きく横たわる、まるで龍のような形をした雲が私たち3人の目の前に現れました。

夕陽に照らされたその龍雲は、「来てくれてありがとな、カミさんと仲良くしろよ、仕事がんばれよ」と、竜ちゃんが、かねきよくんに優しく語り掛けているような、そんな気がしました。

一周忌法要のときには、島崎和歌子さんの作ってくれる濃いめの焼酎で酔いつぶれ、帰りの電車の乗り換えが心配だったので、竜ちゃんの仏前に布団を敷いて泊まることになりました。

かねきよくんが、この1年、一生懸命自分の気持ちに折り合いを付けていたことがよくわかるので、飲みたかったし酔いつぶれたかったのだなと思いました。

翌朝、6時の電車に乗って、かねきよくんは仕事現場に向かいました。

私が連絡しておいた奥様のアキちゃんが、衣装や小道具を持って仕事現場に向かい、その日のイベントは大成功だったようです。

かねきよくんに、寄り添う優しい奥様がいて本当に良かったと思います。

家計を圧迫した飲み代

浮き沈みの激しい芸能界は、仕事がいつなくなるかわからないので、家計を管理する身として、無駄遣いをしないようにしていましたが、我が家では湯水のようにお金が出ていきました。

それはすべて〝飲み代〟です。

どうしたものかと文句を言いながらも、それが竜ちゃん流の交際術であり、仲間たちとワイワイ過ごすことでストレス発散にも繋《つな》がっていました。

朝まで仲間たちと飲んで、また仕事をがんばる……そんな毎日を過ごしていたのですが、「竜兵会」での支払いは、肥後さんがいれば割り勘で、いなければすべて竜ちゃん持ち。

月に平均して１００万円前後の出費が続いていました。

コンスタントに仕事があるため、それなりの収入はあるものの、月に１００万円は、我が家にとってかなりの負担でした。

竜ちゃんと私は、個人事務所を設立していましたので、私が領収書を集め税理士さんに渡す決算関係の書類を整理しています。領収書の束を見る度に「毎日毎日、何軒も行く必要がどこにあるの？」と、ため息ばかりが出てきます。

竜ちゃんは、お金にとんちゃくはなく、昔の芸人のように「宵越しの金は持たない」感覚だったのではないでしょうか。

そんなに高いところに行くわけではありませんが、ほとんど毎日、1日で4軒も行っていたら安くてもかなりの出費になりました。

新婚当時は現金払いでしたが、その後、クレジットカードで支払うようになると、とたんに使う額が増えていったように思います。

志村さんの誕生日には、六本木のクラブで、一晩、数十万円を使ったこともありました。竜ちゃんの中では、志村さんに毎晩ごちそうになって、芸人としての薫陶を受けてきたことから、それを後輩にもしてやろうと思っていたようなのです。

「志村さんにしてもらっていたから、順番だよ」

「志村さんのように、沢山稼ぐようになってから言ってよね」と、言いたかったのですが、「それを言っちゃ、おしめぇよ」と、口をつぐんでいました。


でも、やがて我慢の限界に達し、ついに決算時期のある日、ちょうど竜ちゃんがご機嫌で部屋から出て来たところを見計らい、一言意見しようと呼び止めました。

「そこ座ってください」

きっと私の顔は、鬼のようになっていたことでしょう。

「この店、毎日行っていますけど、何ですか、これ？」

「す、すいません。えーと……あの……」

「こんなに行く必要、ありますか？」

「次から気を付けます。すいませんでした」

そのときだけは殊勝に反省するのですが、その日の夜から、また飲みに行ってしまうのです。

竜ちゃんの飲み代は、結局、減ることはなく、私がやりくり算段しなくてはなりませんでした。私たちは、それぞれ若い頃から親に一切の援助をしてもらわずに、自分たちでやってこられたことにプライドを持っていたので、もしものときのために、コツコツ貯金をしようと考えました。

竜ちゃんも、領収書はマメにもらっていたのは幸いでした。いつも竜ちゃんは1カ月分ずつ、領収書を封筒にまとめて入れて渡してくれていたのです。

コロナの自粛期間中は、外に出なかったことから飲み代が減ったおかげで、ほかのことにお金を使うことができました。

古くなってランニングコストの悪い電化製品などを、色々と買い替えることができ、「飲みに行かないとこんなに生活が豊かになるものが色々と買えるのよ」と言ったら、バツが悪そうでしたが、新しくなった家電はうれしかったようです。

経理や諸事務に必要なパソコンを新調し、芸能人ですから身だしなみを整えるドライヤーに、出演番組のチェック用にとテレビも新しくしました。

そのなかでも竜ちゃんが喜んでいたのが、ダイソンのスタンド扇風機。

「なんか、うちが未来になったな」と、ご満悦の様子でしたが、私はすかさず本当のことを告げました。

「ごめん、それ3年落ちだから。未来じゃなく過去だから」

それでもスタイリッシュな、この家電を眺めて嬉しそうにしていました。

竜ちゃんは、仲間と語らいながら飲む時間の過ごし方が好きでしたから、ひとりでお酒を飲むということはあまりなく、コロナ禍で外に飲みに行けなくなってからは、いつのまにか、私の好きな辛口の白ワインを冷蔵庫に冷やしておいて、「ヒーチャン、ワインが冷えてるよー」と、私の飲んべぇ心をくすぐり、夕食は、映画を観ながらふたりで晩酌していました。

皮肉なものでコロナ禍になり、夫婦ふたりで過ごすことが日常になって、ようやく家庭生活らしくなってきたなと、そのときはうれしく思っていたのです……。

約束破りの常習犯

芸人仲間と集まって、飲んじゃ泣いたり笑ったり。

そんな毎日が、竜ちゃんの生きる糧になっていたのかもしれません。それだけ大切に思っていた「竜兵会」ですが、実は我が家に「竜兵会」の面々を集めて、飲み会を行うことはありませんでした。

気の置けない仲間たちの飲み会を自宅で行えば、私がお酒を用意したり、料理を作ったりすることになり、気を遣わせるのが竜ちゃんは申し訳ないと思っていたのでは……と考えがちですが、そうではありません。

飲み会の横に私がいると、「竜兵会」の面々の遠慮のない突っ込みもどこか鈍くなり、下ネタを話題にすることも、なんとなくはばかられるからなのでしょう。

何度か「竜兵会」の飲み会に参加して、私はそんな風に感じていました。

結婚してしばらくした頃、日頃お世話になっている方々に、お礼を兼ねてひな祭りパーティを自宅で開こうと企画したことがありました。竜ちゃんのスケジュールを何度も確認して日程をやりくりし、「じゃ、この日は空けておいてね」と念を押したところ、「よっしゃ、わかった」と二つ返事で約束してくれました。

当日は、嫁ぐときに実家から持ってきたひな人形を飾り、お料理とお酒を用意して、私の両親や兄にも埼玉から来てもらい、準備を手伝ってもらいました。

招待した人たちは全員で15人くらい。夕方頃から三々五々、我が家にやってきました。ワインを手にしている人や、デザートにとケーキを持参する人もいて、我が家には最初から楽しい雰囲気が溢れていたのです。

ところが……。

仕事から帰って来る竜ちゃんを、みんなで待っていたのですが、主役である竜ちゃんは一向に帰って来ません。

6時になり、7時になり。結局、竜ちゃんを待たずに、先に乾杯をして食事が始まりました。

私は気が気でなく、心の中で「なにやってんのよ！　約束したのに！」とイライラしていましたが、そこはぐっと堪《こら》え、ぎこちない愛想笑いをしていたように思います。あとでわかったのですが、そのとき、竜ちゃんは仕事帰りに、皆と飲みにいっていたのです。

待てど暮らせど竜ちゃんは帰って来ません。せっかく来てくれたお客さんたちをがっかりさせたまま、その日のパーティはお開きとなってしまいました。

私は、何度もスケジュールの確認をしていたのに、あとからの約束を優先させたことを自分勝手過ぎると怒りましたが、竜ちゃんは「仕方ないよ、流れでそうなっちゃったんだから」と言うばかり。

竜ちゃんとの結婚生活では、竜ちゃんができもしないことをそのときの気分で約束して、私は何度も振り回されることになるのですが、竜ちゃんの言葉を安易に信用してはいけないと思った最初の出来事でした。

これに懲りて、その後、ホームパーティはほぼ20年間やりませんでした。

また別の日、ある俳優さんと飲んでいる席で、その俳優さんの息子さんの保育園の運動会が、今度あるという話題になり、私はちょっと嫌な予感がしました。

竜ちゃんが、「じゃあ、俺も運動会を見に行く」と言い出したのです。

その場で「大事な運動会に、いいかげんな約束をしたらいけないよ」と注意したのですが、全く聞く耳を持ちませんでした。

結局、私の予想通り、運動会の日は竜ちゃんに仕事が入り、行けなくなってしまったのです。

行くと言ったからには約束を守らなければと、私が竜ちゃんの代わりに運動会を見に行きました。

運動会では、俳優さんの息子さんと、なぜか一緒にお遊戯をすることになり、「何してるんだ私？」と、思わず苦笑いがこぼれました。

「よそ様にまで、ノリで、いいかげんな約束をしないで」

「いやぁ、ごめんごめん、アハハ」

注意しても軽く謝って終わり。

こういった竜ちゃんの発言のフォローをほかにもいくつもしてきましたが、本人は、そのときは、本当にそうしたいと思ったのですから、何の悪気もありません。

竜ちゃんに常識を求めるこちらの方が、よっぽど非常識なのだと考えることにしたら、腹の立つ気持ちも少し収まりました。


ホームパーティについては、逆のこともありました。

やはり新婚時代、急に、レギュラー番組の共演者の方たちを家にお招きしたいと言うのです。でもその日は、私に親族の結婚式があり、泊まりがけで出かけなければなりませんでした。

「急なことだし、せっかく来ていただいても私がいないと、なんのおもてなしもできないから、別の日にして欲しい」

「どうしてもその日じゃなきゃダメ、俺んちなんだからいいだろ！」

何度こちらが交渉しても、言い出したら聞きません。

結局、私の留守の間に7、8人のお客様をお招きしたのです。

準備も片付けも全部、自分でやるからと言うので、心配でしたが、私は予定通りに結婚式へ出かけ翌日、帰ってみると、戸棚の中の鍋や食器の位置がめちゃくちゃになっていて、酒瓶やゴミが山盛りになっていました。

片付けながら「昨夜は、どうだったの?」と聞いたら、「ピザの出前と、乾きものを出したよ」というだけで、詳しくは話してくれませんでした。

その後、共演者を家に呼びたいと言いだすことは、一切ありませんでした。きっと思っていたより大変で、さほど盛り上がらなかったのでしょう。


こうして我が家では、お客様を呼んで楽しくパーティを開くことは、ほとんどなくなり、ましてや夫婦そろっておもてなしをするなどということは、皆無となってしまったのです。

でも芸人仲間や後輩たちとワイワイやることが大好きな竜ちゃんですから、外でやれば準備も片付けもしなくて済むし、何かと文句を言う私もいないので、「竜兵会」は誰に気兼ねすることなく正体を失くすまでお酒を飲める、竜ちゃんの癒しの場所だったのです。

竜ちゃんが天国に行ってしまった今も、肥後さんたちは「竜兵会」をずっと続けると言っています。だって竜ちゃんの魂がもし帰ってくるとしたら、私のところより先に、笑いが渦巻く賑やかな「竜兵会」に行きたいはずだから……。

第五章

「竜ちゃん」の後始末

問題山積のその後

結婚して28年間、我が家は、ふたりとも、手続き関係は苦手でした。

仕方ないので、どちらかと言えば、まだましな私の方が、手続き全般を一手に引き受けていました。

竜ちゃんがやることといえば、例えば書類関係なら、ほぼ、本人が書かなくてはならない署名のところだけでした。でも、飲み歩いてまともに帰らないことが日常的に続いていたので、署名をもらうのも簡単ではありません。

経験を積むうちに、そんなときは、数日前から署名をして欲しいと予告しておくことにしたのです。

起き抜けに書いてもらうのですが、「朝からごめんねー、すぐ終わるからね」とご機嫌を損ねないように気を遣っていました。

ご機嫌を損ねたら仕事にも差し障るので、「はいよー」と機嫌よくサインがもらえたときには、心底ホッとしたものです。

竜ちゃんが旅立ったあとも、煩雑な手続きが次から次へと襲ってきました。

それは、体力的にも精神的にも追い詰められた私にとって、逃げ出したいほどの大きな負担となりました。

手続きには、葬儀会社さんから頂いた、葬儀前後のあれこれが書いてある厚みのあるファイルがとても役に立ちました。どこの葬儀会社でもこういったものがあるのかはわかりませんが、葬儀の手順から葬儀後の手続きまでがわかりやすく書かれていて、いつも持ち歩いて何度も読み返しました。

そのファイルによると、葬儀後はまずは「役所の手続き」ということでした。区役所に行き、世帯主である配偶者が亡くなった旨などを伝え、窓口の人の言うとおりに行った手続きは、30分ほどで終わりました。

ずいぶんと早く終わったと安堵して帰宅しましたが、うっかり抜け落ちていた手続きがあり、その後も何度か区役所に行くことになりました。

次は「年金の手続き」。これも厄介でした。年金事務所に行くと、待っている人がいなかったのでスムーズに手続きができると思ったのですが、現実はそう甘くありませんでした。

コロナ禍のために、予約なしでは手続きができず、数週間先でないと予約が取れないというのです。見た目はガラガラなのに手続きができないとは、ずいぶん変なシステムだと思いながら、3週間先の予約をして出直すことにしました。


続いては、「銀行関係」です。ここでも想定外のことが待っていました。

人が亡くなると銀行に連絡することによって、故人の銀行口座が凍結され、使えなくなることは知っていました。ところが、芸能人や著名人の場合は、ニュースなどで逝去が報道されると、すぐに口座が凍結されてしまうのです。

竜ちゃんの場合もそうでした。窮地を救ってくれたのは、メインバンクの担当者からの電話でした。

葬儀費用などすぐに必要なお金があれば、おろせるということを教えてもらい、口座凍結も銀行に出向くことなく手続きができ、このあと相続で使う必要書類等もすぐに送って頂くことができました。その1度の電話のみで済み、だいぶ時間の節約にもなり、助けられた思いがしました。

さらに必要なのは、「カード会社」への連絡です。

我が家でメインに使っていたクレジットカードは竜ちゃんが本会員で、私は家族会員でしたので、紐づけされていた私のクレジットカードとＥＴＣカードも使用できなくなりました。

カード会社にはまだ連絡していませんでしたが、竜ちゃんが亡くなってから、忙しさに追われて、自分の家族カードも使えなくなることを考える余裕がありませんでした。

電気、ガス、水道代の公共料金などはクレジットカード払いに設定しているものも多かったので、契約者の名義変更と支払い方法の変更を行い、口座凍結で引き落としできなかった代金は、コンビニで支払いました。

そのため、何かしらの支払い用紙が毎日のように届き、「また支払わなきゃいけないのか……」と嫌になりそうでした。

忘れないうちに支払うというのを繰り返しているうちに、今、何のお金を支払っているのか、よくわからないようなときもありました。

クレジットカードは、ほかにデパートの外商部の家族カードがあり、そのカードも使用できなくなりました。デパートからすれば、頻繁に買い物をしていたわけではないので全然お得意様でもなんでもないのですが、「一家の主がいなくなると、残された者はただのオマケで、信用もなく、世間から放り出されてしまうのか……」と、少し寂しく感じたことを覚えてます。

また、竜ちゃんの「携帯電話の解約」と、私が使用している携帯も竜ちゃんの名義になっていましたので、名義と支払い方法を変更しなくてはなりませんでした。

これまで携帯を機種変更する際には、毎回2時間くらいかかっていたので、携帯ショップに行くことがストレスになり、竜ちゃんから携帯を買い替えたいと言われていたのに機種変更を先延ばしにしていたくらいでした。

ネットで予約した日時に、必要書類を持って携帯ショップに行ったところ、担当してくれた方が付けている名札が、ふと目に留まりました。

名札には、「鬼海」さんと書いてあります。なんと読むのか、「おにうみ」なのか、「おにかい」、もしくは「きかい」なのでしょうか。私にとっては、初めて目にする苗字で、これから自分が行く末を示しているかのように思いました。

「そうか、私はこれからひとりで、鬼のいる海さえも渡らないといけないのだな」

その方には申し訳ないのですが、その瞬間、脳裏に浮かんだのは、真っ暗な海の上、荒波の中におっかない顔の大きな鬼が私の乗った船を掴んで、大きく揺らしている光景でした。

「なにくそ、鬼のいる海になんて落ちないぞ。家族カードを取り上げられたことなんて取るに足らないこと。なんだったら実家にはお供の犬だっているじゃないか」

愛犬のモモのことを思い出し、「桃太郎」のように勇敢に前に進もうと、自分で自分を励ましました。


さまざまな手続きはかなり手間もかかり、家族をひとり失うと、こんなに大変なのかと驚くことばかりでした。

その一つひとつに対応するごとに、途方に暮れる思いがしましたが、現実と向き合っていかなくてはならないことを痛感しました。

過ぎ去った日々を取り戻すことなんてできません。これからはひとりで、鬼のいる海も渡っていかなくてはならない。もう竜ちゃんはいないのだから……。

その覚悟を持たなくてはならないと、自分に何度も言い聞かせました。

持たざる者にも訪れる遺産相続

家族と永遠の別れをした人にとって、頭の痛い問題のひとつが、「遺産相続」です。

わが家の場合、子どもはいなかったので、今、この本を手に取っている読者の方の多くが「残したお金などの財産は100%、奥さんのものになるのだろう」と思うのではないでしょうか。

実は、子どもがいない夫婦のどちらかが欠けた場合、法律では、配偶者がすべてを相続できるわけではないのです。

故人と血縁のある親族(親や兄弟姉妹)がいる場合は、そちらにも相続権があると法律に定められています。

例えば、故人に父母がいる場合は遺産の3分の1を父母が相続し、配偶者は残りの

3分の2を相続することになります。故人に父母がいない場合は、遺産の4分の1を故人の兄弟姉妹が相続し、配偶者は4分の3を相続することになります。

こう書くと、かなりため込んでいたのではないかと誤解されそうですが、実は恥ずかしいほどの貯金しかなく、すぐに生活に困るわけではありませんでしたが、竜ちゃんが遺してくれた貯金でずっと生きていくことなど不可能でした。

だから、法律で決まっているとは言っても、まだ健在な義母に幾ばくかの遺産を渡すことは、正直言って大きな経済的負担でした。

生きている間に万が一のことを考えて、遺言書を書いておけば、その意思を反映することができます。

ただ、遺言書がある場合も、最低限の遺産の取り分である「遺留分」は渡さなくてはなりません。

せめて子どもがいれば……と、後悔しました。子どもがいれば竜ちゃんの遺産を、子どもと私がすべて相続できたからです。

でも結婚直後、竜ちゃんから、「子どもはいらない、作らない」と宣言されていました。私としては、そういう大事なことは結婚する前に言ってほしかったのですが、子どもの話になるたび、竜ちゃんは「作らない」と、いつも頑なに言い切って、まったく考えようとしないのです。

「子どもを作らないのだったら、きちんと遺言書を書いてよね。私のほうが10歳年下だから、あとで私のほうが残る可能性が高いんだから」と、繰り返し伝えてきました。いつも竜ちゃんは、「自分の財産は全部、ヒーチャンに渡したい」と言っていましたが、口頭ではなく、遺言書という形にしないと、法的に認めてもらえないことは誰もが知っていることです。

だからこそ、しつこいくらいに遺言書を書いてほしいとお願いしてきたのですが、結局は書いてくれませんでした。

相続については専門の知識が必要なので、弁護士さんに依頼して、きちんと法律に則《のっと》って遺産分割を行いました。

結果的に96歳の義理のお母さんも、希望どおり相続でき、竜ちゃんの最後の親孝行となって、よかったかなと思っています。

それにしても、なぜ竜ちゃんが「子どもを作らない」と言っていたのか、これという理由を挙げていたわけでもないので、今となってはさっぱりわかりません。

竜ちゃんの知り合いと食事をしたとき、急に何の脈絡もなく、

「上島家はどっちが子どもはいらないと言うんですか？」と聞かれて、びっくりしたことがありました。

すぐに竜ちゃんが、「ヒーチャンだよね？」と言ったので、私が怒って険悪なムードになり、帰宅した途端、大喧嘩になってしまったのです。

「子どもを作らないと言ったのは、竜ちゃんだよね？」と、問い詰めましたが、竜ちゃんの「子どもを作らない」という方針は、このときも変わりませんでした。

竜ちゃんが頑なに子どもを持ちたがらなかった理由とは、何だったのでしょうか。その理由について、竜ちゃんと真剣に話し合ったことはありません。

毎日忙しくてなかなか機会がなかったのもありますが、夫婦の重要な課題は、本当はお互いのホンネをぶつけ合って、理解しておくべきだったと思います。

でも、竜ちゃんの仕事が順調で機嫌よく生活できたら、もうそれ以上のことを欲し

がるのは、違うのではないかと思い、何でもかんでも手に入れることを望むことは止めようと自分に言い聞かせていました。

この本を書くにあたって改めて、子どもを作らないと言っていた理由を竜ちゃんの親友に尋ねたところ、こんな答えが返ってきました。

「竜ちゃんは不安症だったのかもしれない。『俺、大丈夫かな。面白いのかな？　これから仕事はあるのかな？』と、しょっちゅう疑問を投げかけていたね。根本は真面目なので、ずっと不安を抱えていて、それで子どもを欲しがらなかったんだと思う。竜ちゃんは飲んだら将来への不安を語り、最後はいつも泣いていたから」

確かに、竜ちゃんは私の前でも、不安を語っては泣いていました。

人一倍傷つきやすく、繊細な人でしたので、私は日頃話す言葉にも気を付けて、ネガティブな言葉は口にしないようにしていましたが、仕事で縁起の悪い言葉を投げかけられたことも多々あったようで、酷く疲れたように帰宅した顔を思い出すと胸が締め付けられます。

竜ちゃんが四六時中、抱えていた漠然とした不安が、「子どもを作らない」という発言に繋がっていったのかもしれません。

また、相続の問題だけでなく、専門知識が足りずに苦心したのは、「生命保険」も同じでした。保険に入る際、保険会社の人から説明を受けて署名はしたものの、約款を読むどころか、どんな内容の保険に入っているのか、きちんと把握していませんでした。

もちろんそれは、私のケアレスミスでもあります。

生命保険がおりるはず……と思って連絡したところ、これまで加入していた保険を1年半前にいったん解約し、同時に新規で同様の契約をしていたことを説明されました。

保険の契約条項などをまとめた約款には、加入してから2年間は、竜ちゃんの亡くなり方の場合には保険金を支払わないという免責条項が記載されていました。

「そんなバカな……」

その事実を把握していなかったため、愕然としてしまったのです。

私は生命保険会社の人が言うとおりに署名はしましたが、保険を解約して新たに契約した認識はなく、10年以上前に加入してから、ずっと継続していると思っていたからです。

保険会社の人と話し合いを続ける中で、免責期間でも、鬱病などの精神障害だったと認められる場合は、保険金が支払われるという説明を受けました。

竜ちゃんには、鬱病と思われる症状がありましたが、病院で診断書をもらったわけではありません。

ただ亡くなる直前の状況から鬱と推定しうると証明できるか、保険会社の専門部署が調査して判断してくれることになり、実はまだ話し合いの最中で結論は出ていません。

保険会社の人は丁寧に説明をして、できる限りの力を尽くそうと誠意を見せてくださっています。この本が出る頃には解決していてほしいと願っています。

多岐にわたる手続きに追われて大変でしたが、唯一、良かったことは、竜ちゃんに私の把握していない通帳や貸金庫、株、会員権などがなかったことです。

それらを持っている故人の遺族は、所有している資産の存在や暗証番号が不明なために、財産調査に大変な労力を費やすと聞きますので、そこについては幸いでした。

インターネットにも消極的で、ＬＩＮＥをはじめＳＮＳをやらない人でしたから、デジタル遺産に手を焼くこともありませんでした。

この本を読んでいる皆さんには、私の経験を生かしていただくためにも、万が一の場合に備えて、遺言の重要性やどんな保険に入っているのかを、理解しておくことをおススメします。

後回しにしていた胸のしこり

自宅の前でテレビ局が生中継を行っていたことは、前にも書きましたが、マスコミの段取りの素早さに驚く一方で、歩行者が通る場所をカメラマンや記者が占領し、ご近所に迷惑をかけてしまいました。

報道によって住所もすぐに知れてしまいました。これでは住み続けることができないと判断せざるを得ず、引っ越しすることになったのです。

実家に引っ越すことにしたのですが、我が家の荷物をすべて持ち込むことは、物理的に不可能でした。東京のマンションの片付けをしながら、週末に何度か実家に帰って、友人たちに手伝ってもらって、実家の荷物の片付けもしました。

もちろん、我が家の荷物もずいぶんと処分しました。とりあえず、手を付けたのは、私自身の洋服や靴などでした。高価な物もあまりないので、思いきって処分しました。

さすがに、竜ちゃんの洋服などの持ち物は、なんでもかんでも処分する気分にはなれず、忙しいさなかに大事な物まで捨ててしまわないように、引っ越しの段ボールに詰めることにしました。あとでゆっくり仕分けしたら、そのときに処分できると思える物が出てくるかもしれません。

片付けをしているとき、サンダーバード2号のプラモデルが出てきました。組み立てずに箱に入ったままです。それを見たとき、竜ちゃんの思い出がまるで昨日のことのように蘇《よみがえ》ってきました。

竜ちゃんはお金に頓着がなく、物欲もありませんでした。そんな竜ちゃんが唯一、欲しがったのが、このプラモデルでした。

「サンダーバードのプラモデルが欲しい、欲しい」と1年くらい言っていたので、買ってあげることにしました。価格は6千円くらいでした。

しかし、念願のプラモデルが届いても、竜ちゃんはいっこうに作ろうとしません。

「なんで作らないの？」

「接着剤がないから」

「じゃ、接着剤を注文してあげるよ」

数日後、接着剤が届きましたが、結局、全く手を付けることはありませんでした。

しばらく経つと、竜ちゃんはこんなことを言っていたっけ。

「不器用すぎてできないから、ヒーチャン作ってよ」

結局、私は作らなかったので、箱のままで残っているのですが、プラモデルは作るのが楽しいんじゃないのかなと今でも不思議でなりません。

あんなに欲しいと言っていたのに、手に入れたらとたんに興味がなくなる、そういうとぼけたところが竜ちゃんらしいと思えて、吹き出しそうになってしまいました。

片付けしながら、竜ちゃんの記憶が浮かんで、楽しかったことや一緒に笑ったことなど、どのシーンもかけがえのない日々でした。

竜ちゃんがいなくなって、私のひとりで残されてしまった寂しさを癒してくれたのは、信頼できる友人たちの存在でした。困ったときに助けの手を差し伸べてくれて、心にそっと寄り添ってくれます。友人たちの優しさや心からの励ましに、何度救われたことでしょう。

引っ越しのときも、荷造りをしてくれた人、都内から荷物を運んでくれた人、荷物を搬出する人、搬入する人、掃除をする人、友人のほかに私の親族も合わせて15人以上が、2カ月間、仕事の合間を縫って何日も手伝ってくれました。

様々な手続きに引っ越しと、竜ちゃんが亡くなった直後から、さまざまなことに追われて、ゆっくりと身体を休める日など一日もありませんでした。

食事は取っていましたが、食べる量が減り、体重もどんどん減っていきました。心配する周りの人には、「ちょっと太り気味だったから、ちょうどいいのよ」と、答えていました。

でもさすがに倒れたらまずいと思い、一緒に痩せてしまった母とふたりで、かかりつけのクリニックで、栄養剤の注射を1日おきに打ってもらい、どうにか乗り切ることができました。

　実は私は、その頃、身体に起きていた、ある異変に不安を覚えていたのです。

　都内のマンションから実家への引っ越しが終わった夜、福岡から数日間、手伝いに来てくれた友人の真理《まり》さんと一緒になじみのレストランに行き、そこで初めて自分の身に起きていることを相談しました。

「それは大変！　急いで検査をした方がいいよ」

　実はひと月ほど前、お風呂で胸にしこりがあることに気づいていたのです。

　毎日の忙しさで瞼《まぶた》や口元の痙攣も続き、歯も痛くなり、疲れの限界はとっくに超えていました。そこに今度は、予想外の胸のしこりです。

　そのとき、ふと思い浮かんだのが、私たち夫婦が以前の住まいの近くにあるお寿司屋さんで知り合って、仲良くなった医師のＹ先生でした。

　すぐに連絡すると、Ｙ先生の病院で診察することになり、指定された乳腺外来へ初めて伺ったのです。

　血液検査、エコー検査、マンモグラフィー検査をして、次回のＭＲＩ検査の予約を取りました。慣れない検査で緊張しましたが、診察後、懐かしいY先生にもお会いすることができ、安堵した気持ちになりました。

Y先生にここ数カ月間に起こった出来事を話していると、とてつもない後悔がどっと押し寄せて来ました。それは、様子のおかしかった竜ちゃんについて、なぜY先生に相談することを思いつかなかったのかという自責の念でした。

「専門外でもY先生ならきっと適切なアドバイスをしてくれただろう……」

私は自分の視野の狭さを呪いたくなりました。

実家のある町から都内にある病院へは、午前の予約だと車で片道3時間かかることもあります。

2回目の検査のときには、兄が病院まで付き添ってくれることになりました。18歳で上京してから私が早くに結婚したので、兄とふたりで過ごすのは、ずいぶんと久しぶりでした。兄は都内の運転は不安だと言うので、私が往復運転しましたが、これまでなんでもひとりでやることに慣れ過ぎていて、こんなときは甘えていいのだなとうれしくなりました。

ＭＲＩと生体病理検査の結果は、お盆休みをはさむことになり、普通なら1週間で出る検査結果が2週間かかると聞きました。

そんな心もとない中で迎えた、竜ちゃんの初盆は、まだ納骨も済んでいなかったので、兵庫県の菩提寺のご住職が、遠隔でお経をあげて下さることになりました。

僧侶をしている私の友人も遠く北九州におり、葬儀のときから事あるごとに遠隔でお参りして、初盆もやはり読経してくれたそうです。私の知らないところでも、これまで竜ちゃんを支えてくれた仕事関係の方々や応援してくれた多くのファンの皆さんが成仏できるようにと祈ってくれたことは、本当にありがたく思います。

遠隔読経のため、家にお客様をお招きしなかったので寂しい初盆でしたが、私の友人たちと、兄の家族、母の犬友達の人たちがお参りに来てくれました。

竜ちゃんと交流があった人では、島崎和歌子さんから供花、げそちゃんからはお供えの品が届きました。

生前、誕生日のときにも毎年必ずお祝いを贈ってくれた、このおふたりの変わらぬ竜ちゃんへのお気遣いは、とても温かく嬉しいものでした。

乳がん判明　手術と治療の日々

お盆もそろそろ終わるというときに、主治医の先生から電話がありました。お盆休みだというのに生体病理検査を急いでくださったのでしょう。当初、伺っていた予定よりずいぶんと早く検査の結果が出たようでした。

検査の段階で、しこりの形が「嫌な感じだ」と先生もおっしゃっていたので、私も嫌な予感はしていました。

そして、主治医の先生から乳がんである旨が告げられたのです。

それを聞いた瞬間、「やっぱりそうか……」と、達観している自分がいました。

がんを宣告されて「頭の中が真っ白になりました」という話はよく聞きますが、私の場合は、まったくありませんでした。

「なぜ私ばっかり、ひどい目に遭うんだろう」

5月に竜ちゃんが急逝し、8月には乳がん宣告。次から次へと、なぜ私の身にこんな不幸なことが起こるのでしょうか？

よほど前世で悪いことをしたのだろうか、相当な悪党でろくでもない人物だったに違いないと、前世の自分を想像して恨むくらいしか、気持ちの落としどころがありませんでした。

だけど、泣いていてもしょうがありません。泣いていても、時間は巻き戻せないのだから。どんなに泣いても現実は変わらないのだし、前に進めないと思い、自分で意識して気持ちを強く持つようにしました。

私は健康を考え、無添加食品や有機食材、無農薬野菜などを選んで買うタイプで、もちろん、竜ちゃんにも体に良い食材や調味料を使い、できるだけ手作りの食事を心がけて来たのに、自分がなんだかひどく滑稽に思えてきました。

現在、日本人ががんになる確率は2人に1人、そして乳がんに限ると、日本人女性の9人に1人の確率だといいます。何が病を引き起こしてしまったのかと、あれこれ原因を探してみても、なったものはしょうがありません。

兄に報告すると、「逆に見つかって、よかったのかもよ」と言われて、瞬間的に、なるほどと思いました。

自分で触ってしこりを見つけることのできる乳がんだったから、早い段階で気づくことができたのは、運が良かったと思うようにしたのです。

もしこれが内臓系のがんだったら、自分で異変に気付くこともできず、忙しさに追われて病院に行くのも後回しになっていたのではないかと思います。そして、いざ病院に行ったときには手遅れになっていたかもしれません。


心配して連絡をくれる人たちとのやりとりのなかでは、いつも食事と睡眠、そして体に気を付けてと言ってもらっていました。

「体に気を付けてね」

「実は、踏んだり蹴ったり、弱り目に祟《たた》り目で、今度は私が乳がんで手術することになりました。ご心配ばかりお掛けしてすみません」

明るく伝えると、皆さんしばし絶句したあと、言葉を選びながら、それぞれに励ましてくれました。

自分の周りにいる乳がん経験者の復活エピソードを話してくれる人も多く、それは私にとって希望の光になりました。

十人十色というように、乳がんは二十胸二十色だそうで、患者ひとりひとり、胸の一つひとつが人それぞれなのだということも知りました。

私の場合、右胸の浸潤性の乳がんで、ステージでいうと1でした。すぐに、しこりの部分とその周辺だけを取る手術を受けることになったのです。

手術は無事成功し、1週間程度の入院のあとに治療終了を告げられて退院。

思えば乳がん検査から、手術、入院、そして退院まで、順調に流れていったのは、空の上から竜ちゃんが見守ってくれたからなのでしょう。

手を合わせ心の中で「心配かけてごめんね」と、私の方から謝りました……。

母には、病院で検査をすることが決まったときに、「実は、しこりが気になるから東京の病院で検査してくるね」とやっと伝えることができました。

77歳と高齢になった母に心配をかけることがわかっていたのでなかなか言い出せませんでした。案の定、動揺を隠せない母は、

「竜ちゃんが亡くなって、今度は、ヒーチャンががんになったらもう、お母さん耐えられない」と泣き出してしまいました。

辛い思いばかりさせて本当に申し訳ない気持ちでいっぱいでしたが、

「お母さん、どちらも当事者は私なんだよ」と言う私の言葉を聞くと「ハッ」としたように、昔のしっかり者の優しいお母さんに戻らなきゃと思っている感じが伝わってきました。

娘が不憫《ふびん》だと泣く母を見て、やっぱり、私は、「泣いてなんかいられない」、早く治療をしてもらって日常に戻らないといけないのだと強く思いました。

竜ちゃんが、もし、私が乳がんだということを知ったらなんて言うだろう。

実は、2020年の秋に私は、人生で初めての入院手術をすることになりました。

詳しい病名は避けますが、それは、ポリープ除去手術でした。

入院は、数日でしたが、舞台公演中だったので、竜ちゃんは、面会時間に間に合いませんでした。

ロビーまで病衣で出て行った私が、ガラス越しに、外にいる竜ちゃんとスマートフォンで会話をしていたら、竜ちゃんの顔がみるみるうちにくしゃくしゃになって、しくしくと泣き出してしまったのです。

なんだか韓流ドラマにこんな場面ありそうだなと思ったら、竜ちゃんが愛おしく、大げさだなと、可笑《おか》しくて思わず笑ってしまいました。

その後、病理検査の結果は良性でしたが、いくらポリープだと言っても信じず、「ヒーチャンががんだぁ」と泣き崩れてしまったことがありました。

今回は、本当にがんなのだから、竜ちゃんが知ったらやっぱり、ただただ、泣き崩れるのだろうなと思いました。

そしてやっぱり、私はというと、「しっかりしなきゃ、泣いてられない」と前を向くのだと思います。

第六章

終わりなき悲しみの向こうへ

どうしてああしなかったという後悔

竜ちゃんがいなくなったのは、爽やかな風が吹き抜け、緑がまぶしい5月のことでした。あれから私はやらなくてはならないことが山積みで、夢中で駆け抜けてきたように思います。

いつの間にか、暑い夏がやって来て、乳がんの宣告を受けたあとは、手術を受けて、放射線治療のための病院通いをしているうちに、紅葉の季節になりました。

私は毎日のように、竜ちゃんのお墓にお参りしては、お寺の住職さんとたわいもない話をして、そうした穏やかな日々に心を癒されているように感じています。

知り合いが贈ってくれたお花を、竜ちゃんのお墓に供えて手入れをしている時間も、ホッと心が安らぐひとときです。

このまま何事もなく、平和で和やかな毎日が続いていきますように……。

そんな願いをつぶやきながら、空を見上げると、どこまでも澄みきった青さが広がっていました。

私はいつも「何事もなく過ごせること」が、一番の幸せだと思ってきました。

何か特別なことなんて、なくていい。竜ちゃんといつものように口喧嘩しながら楽しく暮らせる日々が、ずっと続いていくと信じていたのです。

幸せは、満たされているときは、それが慣れっこになりすぎて意識していないけれど、ある日突然失った際に初めて気づくものだと実感しました。

そんな私の心模様とは関係なく、季節は移ろい、日が暮れるのも次第に早まって、日課である竜ちゃんのお墓へのお参りのときも、肌寒さを感じるようになってきました。

あっという間の1年。これから幾度も命日を迎える度に、時の経つ早さを思い知ることになるのでしょう。

コロナ禍になり世界中が不安の中にいた頃、竜ちゃんのみならず、日本中、世界中の人々が、自由に行き来できないストレスの闇の中で耐えていたことと思います。

「数年後、コロナが落ち着いて、普通の風邪のような状態になったとしても、いろいろなことが変わっていって、以前と同じ世の中には戻らないよ」

私が言うと、竜ちゃんは未来が恐ろしくなったのか、顔をこわばらせました。

その様子を心配して、私は慌てて「でも、大丈夫だよ」と慰めました。

「健康で元気でいたら、また新しい楽しみ方があるはずだよ。そのためには、お酒を毎日飲むのをやめようね」

提案すると、竜ちゃんは自分の好きなことを取り上げられてしまうと思ったのか、つまらなそうにしょんぼりしてしまいました。

「じゃあ、週末だけ、アルコールデイにしようよ」

私がすぐに代案を立てると……。

「うん、そうする。わかった、毎日飲むのを止める。コロナが収まっても体を壊していたら仕事ができないもんね」

素直に私の意見を受け入れてくれたので、最初の頃の平日は、ノンアルコールで過ごすことができました。

そして、毎週土曜日は、BSテレ東で映画『男はつらいよ』を見ながら、買ってきたお寿司を食べるというのが、我が家のルーティンになりました。

土曜日になると、朝から「今日は、寅ちゃんやで～」と合言葉のように、顔を合わせるとお互いに声をかけ、夕飯時の寅ちゃんとアルコールとお寿司を楽しみにしていたのです。

竜ちゃんが一番好きだったのは、シリーズ第17作の『男はつらいよ・寅次郎夕焼け小焼け』でした。

日本画家の池ノ内青観役が宇野重吉《うのじゅうきち》さん、マドンナの芸者ぼたん役が太地喜和子《たいちきわこ》さんの回です。分け隔てなく人に優しく接する、人情深い寅さんの魅力がいっぱいの作品で、ふたりで何回見たことか……。30回近く見たかもしれません。

同じ映画を何度見ても、必ず新しい発見や気づきがあるのが、『男はつらいよ』なのです。それは、壁に貼ってあるポスターの文字だったり、演出の仕方だったり、役者さんの芝居だったり、今まで見過ごしていたものに気づいたときに、「あのシーン、もう一回見ようよ」と、繰り返し見て、それを肴にまたお酒を飲みました。

この回に出てくる兵庫県たつの市は、竜ちゃんが街のイベントで訪れたことがありました。

「年月が経っても、街並みはあまり変わらないよ」

竜ちゃんが教えてくれたのを聞いて、いつかふたりで行ってみたいと話していた、寅さんの聖地のひとつでした。

この作品の中で、宇野重吉さんの役どころである青観のかつての恋人、志乃《しの》のセリフに、こんな言葉があります。

「人生に後悔はつきものなんじゃないかしらって。ああすればよかったなあ、という後悔と、もうひとつは、どうしてあんなことをしてしまったのだろう、という後悔……」

竜ちゃんが亡くなってからも母と見た、この作品のセリフは、それまで何度も見たときと違って、深く考えさせられるセリフになってしまいました。

「どうして、ああしなかったのだろう」

私の中で繰り返し思っていることが、寅さんの中にありました。

竜ちゃんの様子がおかしいと気づいてから、どうして早く病院に連れて行かなかったのか、今でも深く後悔しています。

最後の「詫び状」

若い頃は、映画鑑賞やプロレス観戦などの趣味もありましたが、近年はもう何年も趣味というものがなく、竜ちゃんはいつも仕事ばかりしていました。

寂しがり屋なのに友達を作ることもしたがらず、仕事仲間と飲むお酒が本当に好きでした。

日頃は根っからの甘えん坊で、私のことを母親のように思っていると言うこともあり、私の方が年下なのに、結婚当初からそんな調子だったので、しっかりするしかありませんでした。

でも私の友達が遊びに来ると、どこかお父さん風をふかし、みんなが楽しそうに食事をしたりお酒を飲んだりする様子を、嬉しそうな顔で眺めていました。

お客様が来るときの準備は私ひとりでするのですが、竜ちゃんはみんなが来る前にコンビニへ出かけ、デザートやお酒を買ってきてくれました。

コロナ禍より前ですが、私が友達と外で食事の約束をしていたときに、「夕飯の準備をしてあるから、ひとりで食べてね」と、お願いしたところ、「ひとりで食事をするのは寂しい」と、急に駄々っ子のようになりました。

「私は20年間もひとりで食事していたのよ。それが寂しいってことに気づいたのなら、大きな成長よ。良かったじゃないの」

私は意地悪顔でニヤリとして、嫌味を言ってやりました。

竜ちゃんはうつむきながら「ごめんなさい……」と言ったと思ったら、次の瞬間、顔を上げてにっこり笑顔で、「今日、竜ちゃんも一緒に行こうかなー」と、モジモジしているのです。

「行ってもいい？」ではなく、「行こうかなー」とは、こちらの都合を斟酌《しんしゃく》しておらず、まったく自分勝手です。

しかも自分のことを「竜ちゃん」って言うなんて……。

こういうときは、たいがい、カマトトぶって自分をそう呼ぶのです。

そうやってこれまで私と友達との食事会に、何回やって来たことでしょうか。

「ごめーん。ついてきちゃったんだけど」

約束の店に到着すると、友達は驚くのですが、快く迎え、仲間に入れてくれるので、それはもうご機嫌になって、勘定もみんなの分をちゃんと払ってくれました。

しかし、これと逆のことは、絶対にありませんでした。まぁ、竜ちゃんの場合、食事会の相手は仕事仲間なので、私も一緒に行きたいと言い出すことはなかったのですけど。

「記憶がなくなるほど、お酒を飲んだらダメだよ」

これについては日頃から口うるさく注意をしていました。

振り返れば幼い子どもの保護者のように、今まで何度、注意と指導を行ってきたかわからないほどです。

新婚時代から私が怒るたびに、竜ちゃんが「迷惑かけてごめんなさい」と書いてくれた詫び状。

その文面には「たとえどんなことがあってもヒーチャンだけは守り通します」と綴《つづ》ってありましたが、結局のところ、竜ちゃんは勝手にひとりで違う世界に行ってしまったのです。

詫び状に書いてくれた約束を守り通してくれなかったのだと思うと、ただ書いただけで、実行するつもりがなかったのではないかと、無性に腹が立ってきます。

竜ちゃんの葬儀が終わって一週間ほど経った頃、私が日頃使っている数冊の手帳の中の一冊を何気なく開いて、裏表紙のメモを挟むポケットに、見覚えのない紙が折りたたんであったのを見つけました。

それはチラシの裏に、竜ちゃんの字で「遺書」と書かれた紙でした。

それを見た瞬間、私はドキッと鼓動が大きくなったのを感じました。

震える手で深い折り目のついた文字に目をやると、文字は判別できたものの、内容は支離滅裂で誤字脱字も多く、まともな精神状態で書かれたものではないことが、すぐにわかりました。

自ら命を絶つ覚悟の上で「遺書」として書いたのか、それとも私が気が付かなかっただけで、もっと前に手帳の片隅に忍ばせていたのかは、実際のところわかりません。

具体的な文面については、故人の尊厳にかかわることでもあり、ご容赦いただき、その上でどのような内容であったのかお話しします。

ただ「遺書」と書いてある点と、内容をすり合わせてみれば、それほど遠くない将来、この世から旅立つことを、前提として書かれたものであることは明白でした。

残してしまう私の今後の「お金の心配」について竜ちゃんなりに、「こうして欲しい、ああして欲しい」と書かれていました。

さらに私への感謝があり、「ヒーチャン大好き、ヒーチャン大好き」と、私への愛が綴られていました。

納得できなかったのは、「絶対（ヒーチャンを）不幸にしない！」と書かれていた点でした。自分だけ先に逝って、私は不幸のどん底に叩き落とされたというのに、矛盾したことを「遺書」に書くなんて……竜ちゃんらしいなとも思いました。

竜ちゃんは亡くなったあと、たびたび私の夢枕に現れてくれました。夢の中の竜ちゃんはいつも、「ごめんね……。ごめんね……」と、自分の顔を両手で覆って、謝るのです。少しかすれた声から、泣いていることが伝わってきます。

「迷惑かけてごめんなさい」

夢枕の竜ちゃんは、涙を流しながら全身全霊で私に謝ってくれました。

私は竜ちゃんにこう伝えました。

「いいよ、大丈夫だよ、私にまかせて」

だって私たちは、チーム上島竜兵だから。

「竜ちゃん」もいた紅白歌合戦

年末が近づいたとき、私はニュース記事を見て、純烈の応援ゲストとして、ダチョウ倶楽部が『NHK紅白歌合戦』に出場することを知り、リーダーの肥後さんに連絡しました。

肥後さんとは竜ちゃんが亡くなってからも、ずっと電話やLINEなどでやりとりしてきたので、そのときもLINEで「今度、紅白に出るんですね。楽しみにしてます」と送りました。すると、すぐにこんな返信がありました。

「竜ちゃんも一緒にNHKに連れて行きます」

紅白歌合戦が行われる10日前の12月21日に、肥後さんは太田プロのマネージャーさん、純烈のリーダーである酒井《さかい》一圭《かずよし》さん、純烈の事務所のマネージャーさん、レコード会社の人と一緒に、竜ちゃんのお墓までお参りに来てくれました。その細やかな気遣いが胸にしみました。

「お忙しいのに、わざわざ来ていただいて、ありがとうございます」

純烈の酒井さんに会うのは、これが初めてでした。酒井さんはきちんとした方で腰が低く、「いや、どうもどうも。竜兵さんにご挨拶をしたかったので」と、頭を下げられる姿から、誠意が伝わって来ました。

その包み込むような雰囲気は、純烈さんはいろんな人たちに気遣いができる酒井さんがいたからこそ、現在のようにみんなに愛される売れっ子になったのだろうなと感じさせるもので、さすがリーダーを務めるだけの人格者だと感じ入りました。

ふと見ると、竜ちゃんのお墓の前で、肥後さんと酒井さんふたりのリーダーが並んでいました。10月の納骨のときにも肥後さんは来てくれましたが、今回、再度足を運んでくれたのです。

年末の忙しいときによく時間を取って来てくれたものだと感激し、ダブルリーダーはすごいなと、改めて感謝しました。

肥後さんがサイン入りのうちわを私にくれて、竜ちゃんのお墓があるお寺のご住職にもプレゼントしてくれました。

「これを持って、テレビで紅白を見てくださいね。紅白には竜ちゃんを連れて行くから、大晦日は渋谷のＮＨＫまで行ったり来たりで、竜ちゃんも忙しいよ」

12月31日、紅白歌合戦の日。私は母とそのうちわを持って、テレビの前にいました。竜ちゃんと仲の良かった有吉弘行さんも出ることは、事前にニュースで見て知っていました。

純烈の代表曲『プロポーズ』、猿岩石の大ヒット曲『白い雲のように』のスペシャルメドレーが披露され、私はうちわを振りながら、テレビの画面を見つめていました。最後は全員でお約束の「ヤー」で決め、有吉くんが、「上島も喜んでおります。最高でした」と、まぶしく照らすスポットライトを見上げました。

姿は見えないけれど、竜ちゃんもみんなと並んで、紅白のステージで一緒に歌っていたのでしょう。あの朗らかな明るい笑顔で、「ヤー」と言いながら。

自然と私の目には大粒の涙があふれてきました。

感無量とは、こういうときの感情を言うのでしょう。ありがたいという気持ちと、竜ちゃんがいないという寂しさの涙でした。

いろいろあった一年の最終日は、紅白歌合戦を見て、多くの人たちの優しさや思いやりを感じることができました。

ふと見回すと、家の中にいるのは母と私、ふたりだけ。テレビを消すと、夜の静寂が押し寄せてくるようでした。

お寺の住職さんから、「除夜の鐘をつきにきてくださいね」と言われていたことを思い出しましたが、外は寒いし、夜に出かけることに抵抗がありました。

このまま何も考えずに眠りたい、そして目が覚めたら竜ちゃんがいればいいのにと強く願いました。


年が変わる12時ちょうどに、私は毎年の習慣としてやっていることがあります。

新しい年の吉方に向けて、家の壁にお札を貼ることです。お札は、四半世紀の付き合いの、自動車ディーラーの担当者鎌倉隆史《かまくらたかし》さんが毎年贈ってくれていたのですが、東京を離れるときに車を手放したのに、この年末もお線香とともに贈ってくれました。

「お陰様で、今年も何事もなく過ごせました」と、鎌倉さんにお札の連絡をするのが、年末の恒例となっていました。

「去年もちゃんとお札を貼ったはずなのに……」

大晦日の夜、毎年、竜ちゃんは仕事でいないので、私は実家に帰り、母と一緒に時報を鳴らして、12時になった瞬間にピタッと貼るのが、我が家の新年行事となっていました。

就寝するとき、「去年はそろそろ竜ちゃんが帰ってくる時間だったのになぁ……」と、考えていました。

本当にいろいろありすぎた一年。明日になったらお寺に鐘をつきに行こうと思いながら、いつの間にか眠りについた２０２２年の大晦日でした。

母とふたりで迎えた新年

お正月になると、世の中は浮かれモードになり、私は気分的についていけず、テレビ番組はダチョウ倶楽部が出演するところだけを見て、ほかは一切見ないようにしました。

結局、母と一緒に、ずっと寅さんの映画ばかりを見ていました。

寅さんの映画の中で、家族内でこれは絶対に言ってはいけないという禁句を作る場面があります。でも、ふとした拍子につい誰かが言ってしまうという展開になるのです。

それに倣って、私も母に、「『おめでとう』は、絶対言っちゃいけないよ」と伝え、禁句を作ってお正月にのぞみました。


家族が亡くなったので喪中はがきを出すべきなのでしょうが、私はあえてそうしませんでした。それは、以前、私がお世話になった落語家さんから、「芸人に喪中はないんだよ」と、教わったからです。

その言葉が私の中ですごく響きました。

落語家さんは喪中だからといって、お正月に寄席に出ないわけにもいかないので、その方針を貫いているのだそうです。

結婚して間もない頃、その話を竜ちゃんにしたところ、「そりゃ、そうだ」と、賛同して、「わが家に喪中はない、芸人に喪中なしでやっていこう」と、ふたりで決めました。

その決め事のとおり、竜ちゃんの実父が亡くなったときに、初めて喪中になりましたが、わが家は喪中はがきを出しませんでした。今回はどうしようかと考えましたが、やはり「芸人に喪中なし」を変わらず貫くことにしたのです。

でも、お正月三が日は長く感じ、通常のお正月のようにははしゃぐわけにもいかず、大笑いするのも憚られて、どう過ごせばいいのかわからずに、ただ居心地の悪さを感じていました。

どうか早く終わってほしいと、私は自分の気持ちをどこに持っていけばいいのか答えが見つからないまま、寅さん映画鑑賞にふけっていました。

寅さんは、こんなことを言っていました。

「何て言うかな、ほら、あー生まれて来てよかったなって思うことが何べんかあるだろう、そのために人間生きてんじゃねえのか」

世の中は理不尽で複雑なことだらけで、自分の思いどおりにすべてが進むことなんて、ほとんどないものです。

誰もが生きづらさを抱えながら、人生という長い道のりを生きています。

だけど、時に人の優しさに救われたり、思いがけず喜ばしいことがあったりして、

「あー生まれて来てよかった」と思うことがあるのでしょう。

あー生まれて来てよかったと、竜ちゃんが、そう思っていたなら救われます。

独りよがりかもしれませんが、私は竜ちゃんがそう思っていたと信じています。


結婚して28年、自分たちで建てた家もなく、子どももいません。唯一あるものといったら、ふたりで作った個人事務所です。

私は太田プロに20年間、所属していましたが、竜ちゃんが亡くなった年の秋に、退所しました。今後は竜ちゃんとふたりで作った個人事務所で10年はやっていこうと思い、ひとりで生きていく覚悟を決めました。

とはいえ、本当は何もしたくないという気持ちのほうが大きいのです。

何にもしたくない、どこにも行きたくないのが本心ですが、自分が寿命を全うするときに、竜ちゃんのせいでつまんない人生だったと思いたくないのです。

「あんなことあったけど、まあまあ、よかったな。いい人生だったな」という思いを胸に、自分の人生を締めくくりたいと望んでいます。

だから、当面は事務所を保っていこうと考えているのです。

大きな支えとなったのは、ずっと母と実家の柴犬モモが、そっと寄り添うように、傍にいてくれたことでした。いつも誰かが隣にいて、優しく微笑んでいてくれることは、何にもまして安心感を与えてくれます。

だけど、本当は私が泣いちゃうと、母まで泣いちゃうから、泣かなかったんです。私はひとりでお風呂に入ったり、車を運転したりするときに、人知れず泣いていました。

ワーッと叫びたくなるような精神的につらい毎日でしたが、家の中で叫ぶわけにもいきません。

そんなときは、ひとりで車を運転しているときに、「竜ちゃんのばかやろう！　竜ちゃんのばかやろう!!」と、叫んでいました。

虚しくて、悔しくて、情けなくて、自分の気持ちのやり場が見つからず、他人に気づかれないように声を上げていました。

そう叫ぶと、ヒステリー玉がポンと抜けるような感じがしました。

乳がんになって、改めて自分自身と真剣に向き合ったことも、一歩を踏み出そうとする契機になったのかもしれません。

病気を経験することで、人間はいつ死んでしまうのかわからないという気持ちが芽生え、今この一瞬一瞬を一生懸命に生きようと心に決めました。

結婚してからずっと「竜ちゃんファースト」で、いつも自分を最後の順番にしてきましたが、これからは「自分ファースト」にして、自分をもっと大事にしていこうと思います。

腹が立つことばかりで今も恨んでいるけれど、振り返ってみたら、「竜ちゃん」という唯一無二の素敵な男の人生にどっぷり浸かって、苦しいことも楽しいことも共有できたのは、本当に幸せでした。

だから……もう「詫び状」なんていらない。すべて許します……。

おわりに

結婚前にお付き合いしていた期間を入れると30年以上、お互い、人生の半分以上の時間を共に過ごしてきました。

新婚早々から、バラエティ番組などでは、恐妻家キャラが独り歩きしていたことがあったのですが、我が家は紛れもなく、亭主関白でした。

気難しく、お天気屋で我が道を行く夫をご機嫌にさせておくことにもすっかり慣れて、このまま平和に何事もなく、好々爺《こうこうや》になっていく竜ちゃんを見守って行くつもりでした。

「人生には、まさかの坂がある」と言いますが、自分の人生に、最大級のまさかが現れるとは、考えたこともありませんでした。

私も若いときから、何度か気分が落ち込むような経験をしていますが、竜ちゃんがいたから元気になれたこともあったし、竜ちゃんの自分勝手に振り回されて、ふさぎ込むこともありました。でも前向きにやって来られたのは、色々なことがあっても、「やっぱり、人生は素晴らしい、生きているって嬉しい」と思っていたからです。

竜ちゃんと暮らしていたマンションは、眺めがよく、煙草を吸いにテラスに出た竜ちゃんから、「虹がでてるよー」とか「夕焼けがキレイだよー」とか「富士山がキレイに見えるよー」などと声を掛けてもらい、家事の手を休めてテラスに出て一緒に眺めた日々を思い出します。

「ヒーチャン、見てー、月がキレイだよー」と竜ちゃんに誘われてテラスに出てみると、雲が晴れてきれいなお月様が、夜空にぽっかりと浮かんでいました。

「月がキレイだよ。なんて、あんた、夏目漱石《なつめそうせき》か！　愛の告白か！」と突っ込みを入れ、ふたりでゲラゲラ笑って、声が大きかったね、と慌てて口をふさいだ月夜。

隣に竜ちゃんはもう、いないけれど、今、私が住んでいる街から見上げる夜空は、都会よりはるかに美しいです。こんなに美しい夜空を一緒に見られないのはとても寂しいし、竜ちゃんのいない世界は、つまらないです。

都会と比べると不便なことも多いですが、ご近所さんは、みんな、親切で、何かあればすぐに親族や友人たちが駆けつけてくれる、のんびりとした時間の流れるこの生活にもだいぶ慣れました。

みんな、私が一日でも早く、日常に戻れるようにと、さりげなく寄り添い、気遣ってくれ、「がんばって」などと誰も言いません。

都内からでも遠いのに、全国各地からお墓参りに来てくれる友人たち、竜ちゃんの関係者の方たちとの会話や、ほぼ毎日行くお参りで、ご住職とお話をしたり、お線香を手向けたりする、そんな時間が私を支えてくれ、生きていることに価値を感じます。

この本を書くにあたって、あまり考えないようにしていた「竜ちゃんのいない現実」と向き合うのは、とても辛いものがありました。

実は、竜ちゃんのことを考えると、涙と一緒に「腹立たしさ」さえ湧いてきました。どうして何も言わずに先に逝ってしまったのか、あれほど皆に迷惑をかけるからと、コロナを気にして家でじっとしていたのに、なんで皆を悲しませることをしてしまったのか。

本当に悔しくて悲しくて、「ばかやろう」と叫びたかったあのときの気持ちが、この本のタイトルになりました。

書きながら心が乱れ、なかなか筆が進まず、パソコンの前に座っているだけの日々の中、足元をみると愛犬モモがいつも寝ています。

私が立ち上がるとついてきて、トイレやお風呂場の前でじっと待っていたりもします。

元々、実家の犬なのでそれほど一緒に長い時間を過ごすことがなかったのですが、竜ちゃんに「モモ、ヒーチャンのこと、よろしく頼むね」とでも言われたかのように、ボディーガードのように私にぴったりと張り付いています。

これから、私が鬼のいる海を渡らなければいけないようなことがあっても、きっと、モモはお供をしてくれるでしょう。

肥後さん、寺門さん、磯野《いその》社長はじめ太田プロの関係者の皆様、仕事関係の皆様、「竜兵会」の皆様、大変ご迷惑をお掛けして申し訳ありませんでした。そして、これまで芸人・上島竜兵を支えて下さってありがとうございました。

応援してくれたファンの皆様、ありがとうございました。

笑えない別れ方に、竜ちゃんらしくないとがっかりされた方も多いと思います。

私も今も、「死んじゃうって、なんでよ！」と、思っていますが、一方で、竜ちゃんは、「生ききった」のだと思っています。

それを、美化と言う人もいるかもしれません。

でも、私だけでもそう思ってあげないと、竜ちゃんが可哀想だから。

そして、竜ちゃんの死去直後から、事あるごとに親身に相談に乗って支えて下さった、お三方、竜ちゃんの親友の放送作家・鶴芳郎《つるよしろう》さんと、同じく放送作家の上下真三《かみしたしんぞう》さん、つげのり子《こ》さんと一緒にこの一冊を作り上げることができ、とても嬉しく、感謝しています。

一周忌法要のめどが立ち、ようやく、一歩を踏み出すことを決めてから、出版までのとても短い時間の中で、的確なアドバイスの中に、細やかな優しさを持って接して下さった、KADOKAWAの担当編集者、大賀愛理沙さん。

若く、かわいらしい上に、とても優秀だということは、お話しして、初見でわかりました。こんなに素敵な方と出会えたことも竜ちゃんの導きがあったからだと思います。

このような機会を作っていただき、担当して下さり、どうもありがとうございました。

そして何より、竜ちゃんを愛して、私のことを心配して下さり、この本を手に取って下さった多くの読者の皆様に深く感謝申し上げます。

特別寄稿

竜ちゃんと光ちゃんのナナメ45度

ダチョウ倶楽部リーダー　肥後克広

竜ちゃんと光ちゃんが出会った頃、光ちゃんはモノマネ界に突如現れた若きスター。ぽっちゃりとして見た目も可愛くって、竜ちゃんの好みにドンピシャだとすぐにわかったね。

付き合い出した頃は、「ヒーチャンかわいい〜♡」って竜ちゃんひとりで舞いあがって、コントの最中でも頭の中は彼女のことばかり。まったく使いものにならなくって、俺と寺門はとっても大変だったことを覚えている。

光ちゃんも光ちゃんで「竜ちゃんかわいい〜♡」と、甘やかしていたので相思相愛だったのでしょう。甘えん坊の竜ちゃんは、理想の女性に出会えて結婚までたどり着けたのだから、ホント幸せ者だったと思うよ。

1週間ほどのオーストラリアロケがあったときも、竜ちゃんがホームシックになっちゃって「ヒーチャンに会いたいよぉ」と泣いてばっかりで、やっぱり使いものにならない。窓の外を見ながら何やらブツブツ言っているので耳を澄ますと「ヒーチャンかわいい！　ヒーチャン大好き」って小声で繰り返していてね、ダメだこりゃ！　ですよ。


結婚生活について言えば、亭主関白と言えばそうだったかもね。

基本、竜ちゃんは、「かまってちゃん」なんで、自分中心に物事が進まないとスネてふてくされるタイプだったから、光ちゃんのことは大好きだけど、ほったらかしにされると怒るんだよね。まさに『男はつらいよ』の寅さんと一緒で、スネて怒っても光ちゃんが「竜ちゃんよしよし」って甘やかすと機嫌がよくなる。

光ちゃんが竜ちゃんを、うまく手のひらで転がしていたのかもしれないね。

ふたりが喧嘩している場面は、何度も見ましたよ。

ふたりで飲んでいるから来てくれと言うので行ってみたら、店中に響き渡る大声で罵り合っていて。光ちゃんも負けてなくて、ふたりを送って行ったときなんて、タクシーを降りてからも喧嘩している。大丈夫かなぁ？　とバックミラーを見ていたら、光ちゃんの強烈なビンタが入って、竜ちゃんがその場に膝から崩れ落ちるなんてこともあったっけ。

夫婦喧嘩は犬も食わないと言うけど、喧嘩のあとは竜ちゃんが尻尾を振って寄って行って、泣いてあやまって土下座して、光ちゃんが折れて許すというのが、いつものパターン。

でも竜ちゃんの涙は曲者で、どんな状況でも泣けるんだよね。ウソ泣きだってできるし、カラオケ行ったら歌いながら必ず泣くのがお約束。泣くことでストレスを発散していたんじゃないかな。

でも、仕事でも私生活でも、泣いたり、土下座したり、尻尾振ったり、キスしたり何でもできる竜ちゃんのプロ根性は凄いといつも感心していたよね。

いわば竜ちゃんは天才芸人。生き様の天才と言った方がいいかもしれない。面白くても面白くなくても笑える。スネてる竜ちゃんも、怒っている竜ちゃんも笑える。真面目なことを言っても、爆笑できるのが竜ちゃんなんだよね。

3 6 0度どっちに転んでも面白い。でも最後の仕舞い方だけはヘタクソです。

最後の最後にしくじるから、やっぱり竜ちゃんは面白いと解釈するしかないけれど、今度会うときには、ダメ出ししてやろうと心の中で決めているんだけどね。

そういえば一周忌に芸人たちが集まって、竜ちゃんの思い出話に花を咲かせたんだけど、悲しいエピソードが何ひとつ出てこない。かと言って、いいエピソードもない。竜ちゃんのどこが面白いかみんなわからないんだけど、いてくれるだけで楽しかったなぁと思いだしたね。

ダチョウ倶楽部の芸がテレビで何度も流れたけど、みんなが笑っていた。悲しいはずなのに笑っている。もはや存在しているか？　いないか？　なんてどうでもいい。竜ちゃんは、すべてを超越したファンタジーなんだと思うんだよね。

光ちゃんは、葬儀から今日まで大変なことが続く中で、よくぞ頑張ってくれたと感謝しかないね。別れも告げずに去って行った竜ちゃんのことは、旅に出ているように考えていると言っていたけど、さすが元芸人、「楽屋で泣いてステージで笑わせて」を実践しているようにも感じる。

時には「竜ちゃんのバカ野郎！」と叫びたいこともあるだろうけど、光ちゃんは竜ちゃんにとっての永遠の恋人なのだから、甘えん坊の竜ちゃんをこれからも宜しくお願いしますね。

上島竜兵 人生年表

1961年1月20日　本名・上島龍平。二十四節気の大寒の日、兵庫県丹波市春日町に誕生。「大寒＝寒い＝スベってる」、本人曰く「芸人が一番生まれちゃいけない日に、俺は生まれたんだ！」と持ちネタのひとつにしていた。

1967年4月　神戸市立多聞台小学校入学。あまりにも勉強ができないため、母が毎日授業参観。

1973年4月　神戸市立鈴蘭台中学校入学。初恋の同級生、M子さんに告白するが、翌日には全校生徒に知られ、手痛い失恋を経験。

1976年4月　私立神戸村野工業高等学校に進学。修学旅行にいかず、その間、自分主演の妄想映画のポスターを大量に制作。映画スターに憧れ、俳優となることを決意。

1979年4月　「資格をとれ」と親に言われ、仕方なく地元の東亜経理専門学校に入学。しかし、俳優の夢を諦めきれず、アルバイトで資金を貯め上京。

1980年某月　上京してすぐに劇団「青年座」研究所に入るが、母が倒れやむなく帰郷。その後、半年間のアルバイト生活を経て、再び上京。

1982年頃　劇団「テアトル・エコー」の養成所に入り、寺門ジモンと出会う。

役者では芽が出ないからお笑いの道へ行こうと寺門に誘われ、俳優に未練はあったが「ダイナマイト・ボーン」というコンビを結成。

1985年某月
「テアトル・エコー」の先輩、コント赤信号の渡辺《わたなべ》正行《まさゆき》氏に今後のことを相談。
南部虎弾《なんぶとらた》と肥後克広を紹介され、「ダチョウ倶楽部」が誕生。

1987年某月
お笑いの方向性の違いから南部虎弾がメンバーから抜け、肥後、寺門、上島のトリオとなる。『ザ・テレビ演芸』で10週勝ち抜く。

1988年7月
『発表！日本ものまね大賞』で、後の妻となる廣川光が優勝し芸能界入り。翌年の卒業予餞会で竜兵と出会う。

1989年1月
『ビートたけしのお笑いウルトラクイズ!!』の放送始まる。
当初はウケなかったが、回を重ねるうち、体を張って果敢に挑む芸を確立。
「人間ロケットクイズ」や「〇×爆破クイズ」などで、真価を発揮し一躍人気者に。
「聞いてないよぉ！」のギャグも誕生。

1991年某月
『スーパーJOCKEY』にレギュラー出演。「熱湯風呂」コーナーで「押すなよ、押すなよ」などのギャグで、リアクション芸を構築。

1994年8月
『24時間テレビ』のマラソン・ランナーを、3人で担当。
上島も満身創痍になりながら完走。

同年10月22日　数年の交際を経て、廣川光と結婚。
実は交際直後から、「結婚して」と猛烈アピール。新郎33歳、新婦24歳。

1996年某月　親交のあったプロレスラー川田《かわだ》利明《としあき》氏から紹介され、志村けん氏と出会う。

2000年頃　『志村けんのバカ殿様』に出演。以来、20年近く〝殿〟と共演。

「竜兵会」がなんとなく生まれる。
きっかけは、バラエティ番組『THE夜もヒッパレ』への「太田プロオールスターズ」での出演説と、太田プロ所属芸人の草野球チーム結成説のふたつがあり、明確にはなっていない。

2008年2月　初の本格的な舞台『わらしべ夫婦双六旅』に出演。故18代目中村勘三郎氏と共演し、おおいに学ぶ。

2010年4月　ドラマ『怪物くん』に出演。オオカミ男を演じる。以後ドラマ出演が増える。

2020年3月29日　上島が師匠と慕う志村けん氏が、新型コロナ感染により逝去。
お笑い界の巨星を失い失意のどん底に。「竜兵会」のメンバーとも会えなくなり、ふさぎ込むようになっていった。

2022年5月11日　上島竜兵、天に旅立つ。享年61。
その後、ドラマ『恋に無駄口』、『やんごとなき一族』、『家政夫のミタゾノ』が収録済みであったため、故人を偲びつつ放送された。

上島 光（うえしま ひかる）
1970年10月6日生まれ。女性ものまねタレント。高校時代から芸能界を志し、1988年フジテレビ系の『発表! 日本ものまね大賞』で優勝し、芸能界入り。1994年に上島竜兵と結婚し、結婚後は一時主婦業に専念するが、その後ものまね番組や情報番組のリポーター等で活動。
芸名は広川ひかる。

協　　力　上下真三　鶴 芳郎　つげのり子
本文デザイン　坂川朱音
校　　正　鷗来堂
D T P　G-clef
編　　集　大賀愛理沙（KADOKAWA）

竜《りゅう》ちゃんのばかやろう
2023年8月10日　初版発行

著者／上島《うえしま》　光《ひかる》
発行者／山下　直久

発行／株式会社 KADOKAWA
〒102-8177　東京都千代田区富士見2-13-3
電話　0570-002-301（ナビダイヤル）

印刷所／大日本印刷株式会社

製本所／大日本印刷株式会社

ISBN 978-4-04-113859-5 C0095